D1329885

BONBONS ASSORTIS

Ouvrage édité sous la direction
de Pierre Filion

Leméac Éditeur remercie le ministère du Patrimoine canadien, le Conseil des arts du Canada, la Société de développement des entreprises culturelles du Québec (SODEC) et le Programme de crédit d'impôt du Gouvernement du Québec du soutien accordé à son programme de publication.

© LEMÉAC, 2002
ISBN 2-7609-2280-4

© ACTES SUD, 2002
pour la France, la Belgique et la Suisse
ISBN 2-7427-4029-5

Illustration de couverture :
© Paul André, *Le premier mai* (détail), 1972. Acrylique sur toile, 86,4 x 66 cm. Don de Mme Mathilde van de Pas de Golis, Baronne Eszenasyi. Collection Musée des beaux-arts de Montréal.

Une première version de «La passion Teddy» a paru dans le collectif *Premier amour* (Stanké, 1988). • Une première version de «La preuve irréfutable de l'existence du père Noël» a paru dans le magazine *L'Actualité* de décembre 1980. • Les extraits d'opérette des pages 136 et 139 proviennent du *Chanteur de Mexico*, musique de Francis Lopez, livret de Félix Gandéra et Raymond Vincy, Éditions Chappell.

MICHEL TREMBLAY

BONBONS ASSORTIS

Récits

LEMÉAC / ACTES SUD

*À mon ami André Gagnon, lui aussi
issu d'une maisonnée nombreuse
et pour qui les souvenirs d'enfance
sont essentiels.*

Mon Dieu, ram'nez-moi dans ma belle enfance
Quartier Saint-François, au Bassin du roi.
Mon Dieu, rendez-moi un peu d'innocence
Et l'odeur des quais quand il faisait froid.

Pierre Mac Orlan
La Chanson de Margaret

La littérature, je l'ai, lentement, voulu montrer,
c'est l'enfance enfin retrouvée.

Georges Bataille
La Littérature et le Mal

LE CADEAU DE NOCES

Ma mère était désespérée.

Ma tante Robertine était désespérée.

Ma grand-mère Tremblay était désespérée.

Elles avaient rassemblé au milieu de l'énorme table en noyer de la salle à manger tout l'argent qu'il leur restait, presque rien, et il n'y en avait pas assez pour acheter le cadeau de mariage de Lise Allard, la fille de notre voisine d'en face, qui convolait en justes noces quelques jours plus tard.

Ma mère tapotait le bois verni du bout de ses doigts, signe, chez elle, de grande nervosité. Moi, j'étais caché sous la table, là où je me réfugiais chaque fois que je voulais écouter sans me faire voir ce que disaient les adultes, c'est-à-dire trop souvent à leur goût. Les grandes discussions se faisaient autour de la table de la salle à manger, les grandes décisions y étaient prises, les grands malheurs discutés jusqu'à plus soif. J'y avais entendu des aveux à peine murmurés, des accusations lancées comme des couteaux, des conseils donnés sur un ton faussement compréhensif, des reproches injustes, des sanglots inépuisables. Des rires, aussi, le samedi soir, quand la parenté venait jouer aux cartes et que mon autre grand-mère, celle qui venait de Saskatchewan et qui cassait si bellement le français, insultait mon père, excellent au poker, avec des mots à faire dresser les cheveux sur la tête mais que tout le monde semblait trouver très drôles. Et des histoires cochonnes à faire frémir. J'étais au milieu d'une dizaine de paires de jambes plus ou moins bien entretenues, toutes poilues, je glissais des regards coupables sous les jupes des femmes et constatais l'état souvent lamentable des souliers des hommes. Il s'élevait de tout ça une odeur de savon et de parfum bon marché pas du tout désagréable. Au moins, ça sentait le propre. Quand les femmes écartaient les jambes, je voyais des bouts de culottes de coton presque toujours blanches, souvent serrées en haut du genou par un élastique qui laissait des marques sur la peau laiteuse des cuisses fermes ou maigrelettes de mes tantes, de mes deux grands-mères, de mes cousines. Les hommes avaient tendance à taper du pied quand ils avaient une main intéressante et je me disais que c'est sous la table que tout se passait: l'espoir, l'angoisse, la déception, la victoire. Il m'arrivait de recevoir des coups de pied d'hommes trop heureux ou trop déçus. Une chaise était tirée, une moustache faisait son apparition sous la table, quelqu'un disait: «Scuse-moé, Michel. Pourquoi tu te tiens là, aussi?» Quelqu'un d'autre ajoutait: «Vous êtes chanceux, dans c'te maison-là, vous avez pas besoin de chien! Le p'tit d'Armand pis de Nana fait pareil!» Et tout le monde riait.

Ce jour-là, cependant, autour de la grande table de la salle à manger, l'atmosphère n'était pas du tout au rire.

Ma mère compta l'argent pour la centième fois.

«On pourrait y acheter quequ'chose à une ou deux piastres, mais ça a pas de bon sens, on va passer pour les pauvres qu'on est! Je vous l'avais dit, aussi, de pas attendre trop tard! Au début de la semaine, on aurait pu y acheter un cadeau qui a de l'allure, pas là... Qu'est-ce que vous avez fait de votre argent, pour l'amour du bon Dieu? Vous en aviez, y me semble, tou'es deux, y a pas trois jours!»

Ma grand-mère fit craquer deux ou trois fois les berceaux de sa chaise à bascule.

«Pis toé? Qu'est-ce que t'as faite de la tienne, ton argent? Hein? T'en avais pas, y a trois jours, toé-tou? Hein?

—En tout cas, j'en ai plus que vous autres à fournir!

—Ben oui, un gros cinquante cennes! Fais pas ta parfaite, là, Nana, pis trouve une solution!

—Trouvez-en donc une, vous, madame Tremblay!

—C'pas moé, la smatte de la famille!»

Ma tante Robertine se mit de la partie, plus pour verser de l'huile sur le feu et le pur plaisir de la chicane que dans le but de résoudre leur problème.

«C'est vrai, ça! À vous entendre parler, Nana, c'est vous la plus raisonnable de nous autres, ben, prouvez-lé. Encore une fois. Qu'on vous admire. Pis que moman fasse encore votre éloge devant le monde!»

Sa mère lui donna une tape sur la main comme si elle avait eu cinq ans. Je l'entendis claquer et je me dis, ça y est, la vraie chicane va pogner! Au lieu de quoi maman poussa sa chaise dans un grand bruit de bois maltraité et s'éloigna de la table. Ma grand-mère se remit aussitôt à se bercer.

«Tu vois c'que t'as faite? A' s'en va pleurer dans sa chambre!»

Ma tante Robertine lança un soupir digne des plus mauvais mélodrames français dont elle faisait une consommation abusive au cinéma Bijou, sur la rue Papineau, le samedi après-midi, et qui la laissaient épuisée d'avoir trop versé de larmes pour des histoires qui, selon ma mère, n'avaient ni queue ni tête.

Elle croisa les pieds sous la table.

«A' m'énarve assez, quand a' fait sa martyre de même, elle!»

Elle comptait l'argent à son tour et je me dis:

«En plus, elle a pas confiance en moman! A' peut quand même pas penser que moman a triché!»

J'avais envie de donner un coup de poing sur un de ses pieds. Celui de gauche, celui avec le bel oignon qui déformait ses chaussures et qui la faisait tant souffrir. Pour me retenir de le faire, je croisai les bras en essayant de penser à autre chose. Mais ma tante Robertine, évidemment, en rajouta en criant en direction de la chambre de mes parents:

«On pourrait se passer de roast beef, samedi soir, pis manger des beurrées de moutarde en l'honneur de Lise Allard!»

Sa mère cessa de se bercer.

«Bartine! Tu dis n'importe quoi! Un roast beef, ça coûte quand même moins cher qu'un cadeau de noces!

—Ça paraît que ça fait longtemps que c'est pas vous qui payez le roast beef, moman! J'vas vous montrer la facture, samedi, vous allez voir! Si ça continue comme ça, on va pouvoir donner des tranches de roast beef en cadeaux de noces, pis les mariés vont être ben contents!»

Maman sortit de la chambre au bon moment, juste avant que sa belle-mère et sa belle-sœur se grimpent dans le visage comme elles le faisaient plusieurs fois par semaine depuis quelque temps. Pour une raison ou pour une autre, elles se cherchaient sans cesse, se trouvaient tout le temps et les chicanes qui en résultaient faisaient vibrer la rue Fabre jusqu'à Mont-Royal. Les années de promiscuité qu'elles venaient de traverser malgré elles commençaient à leur sortir par les oreilles et elles exprimaient leurs frustrations en scènes sans fin qu'elles allongeaient de jour en jour comme une sauce. Ou un radioroman.

Maman rapportait avec elle la fameuse boîte de cinq livres de chocolats Lowney's que mes frères, mon père et moi lui avions donnée pour la fête des Mères, un mois plus tôt, et qu'elle gardait jalousement sous son lit pour son usage exclusif. Personne d'autre qu'elle n'avait le droit de toucher à ce trésor; c'était sa boîte de chocolats à elle. Elle en recevait quatre par année : à son anniversaire – le 2 septembre –, à Noël, à Pâques et à la fête des Mères. C'était donc là une source presque inépuisable de consolation : chaque fois que quelque chose n'allait pas, qu'un de nous était difficile ou qu'elle s'engueulait avec ma tante Robertine ou ma grand-mère Tremblay, elle se réfugiait dans sa chambre, parfois sans même en refermer la porte, et on pouvait entendre le doux bruissement des petits papiers glacés qu'elle pressait dans sa main en savourant un chocolat aux cerises, ses préférés, ou un bonbon dur qui lui collait au palais. L'odeur de ces petits papiers imprégnés du parfum du chocolat parvenait parfois jusqu'à nous et tous, les yeux tournés vers la porte de sa chambre, nous salivions. Mais jamais aucun d'entre nous n'aurait osé s'approcher de ce saint Graal caché à longueur d'année sous le lit de mes parents. Même pas moi à qui, pourtant, elle pardonnait à peu près tout. Ça, elle ne me l'aurait jamais pardonné ; je le savais et je me le tenais pour dit.

Elle déposa l'énorme boîte sur la table avant de l'ouvrir. Sur le couvercle imprimé en brun et jaune, on pouvait lire en haut, à gauche : *Assorted Candies*, et en bas, à droite : *Bonbons Assortis*.

«Servez-vous. J'ai souvent remarqué que le chocolat m'aide à réfléchir, pis là, laissez-moi vous dire qu'on a besoin de réfléchir!»

Ma grand-mère, la main sur le cœur, n'en revenait pas.

«T'es sûre, Nana?»

Maman donna une poussée à la boîte de carton qui glissa jusque sous le coude de ma tante Robertine.

«Ben sûr que chus sûre! On va se concentrer sur ce qu'on mange au lieu de se crier des bêtises, pis ça va nous aider. Quand on a la bouche occupée, on se chicane pas. Bartine, y a un Bordeaux, juste là, j'sais que tu les aimes...»

Moi, évidemment, j'étais vite sorti de sous la table et je tendais déjà une main vers la boîte de Lowney's.

Ma tante me regarda avec un petit air méprisant qui ralentit quelque peu mon enthousiasme.

«Tiens, y était là, lui, l'espion?»

Maman faillit refermer la boîte de carton.

«J't'ai déjà dit de faire attention à ce que tu dis à c't'enfant-là, toi!

20

—C'pas un enfant, c't'enfant-là, c't'une oreille! Y écoute tout ce qu'on dit pis y guette tout ce qu'on fait…»

Elle avança quand même une main hésitante vers le beau petit bloc de chocolat noir que ma mère lui avait montré plus tôt.

«Vas-y, aie pas peur, c'pas un espion, c't'un chocolat, y te mordra pas!!

—Non, mais moé j'vas le mordre, par exemple!»

Aussitôt engouffré, aussitôt avalé.

«Bartine! J't'ai même pas vu le mâcher!

—C'tait mou, j'avais pas besoin de le mâcher longtemps… Juste l'écraser avec ma langue… Y est bon!

—J'sais pas comment tu fais pour le savoir, chus sûre que t'as même pas eu le temps d'y goûter!»

Ma grand-mère, pour sa part, se battait avec un chocolat plus dur qu'on entendait cliqueter dans sa bouche comme si elle avait essayé de mordre dans un morceau de marbre.

«Maudit, y fallait que je tombe sur un centre dur!

—Donnez-moi-lé, madame Tremblay, j'vas vous trouver un centre mou…

—T'es sûre? C'est du gaspillage…

—Ben non. Mettez-lé dans un cendrier… T'nez. En v'là un aux cerises…

—Non, non, non, garde-lé, c'est ceux que t'aimes le plus...

—Franchement, j'peux ben vous en donner un, pour une fois...»

Heureuse, ma grand-mère mâcha la pâte à saveur de cerise mêlée au chocolat au lait. On pouvait lire la satisfaction, plus, le ravissement sur son visage couturé de rides. Elle avala, sourit et demanda à ma mère sur un ton de fausse innocence :

«Écoute donc, chère tite-fille, des boîtes comme celle-là, t'en reçois quatre par année en cadeau, non?»

Maman fronça les sourcils. Quand sa belle-mère reprenait son accent de Charlevoix, qu'elle sortait une expression de La Malbaie, comme «chère tite-fille» ou «Rapport que...», c'est qu'une critique acerbe ou une méchanceté particulièrement vicieuse se préparait. Elle répondit donc avec prudence, sans se mouiller.

«Ben... oui...

—As-tu déjà pensé que... que ça veut dire que tu manges vingt livres de chocolat par année, ça?»

Ma tante Robertine renchérit, elle aussi sans en avoir l'air, et tout en se cherchant un autre chocolat Bordeaux.

«Sans compter ceux que vous mangez quand on va en visite... Vous pouvez ben être grosse...»

Ce fut à ma mère d'avaler un bonbon tout rond. Elle toussa dans son poing, s'essuya le bord de la bouche avec son tablier.

«J'vous apporte ça pour qu'on réfléchisse ensemble, pis vous me mettez mes vingt livres de chocolat annuels sus le nez! C'est comme ça que vous me remerciez? Vous êtes donc ben sans-cœur! Finissez-la donc au complet, la boîte, pis laissez-moi tranquille! Pensez-vous que j'ai envie d'entendre parler de ça? Si on pesait le nombre de livres de beurre que tu mets en un an sus tes toasts, le matin, toi, Bartine, les cheveux nous redresseraient peut-être sur la tête! Si t'es pas plus grosse, c'est juste parce que t'es un paquet de nerfs! On compte pas ces affaires-là comme ça, voyons donc!»

Elle allait se lever de table, quitter la pièce, peut-être même la maison. Les deux femmes la retinrent à force de protestations et de justifications. Elles n'avaient pas voulu la choquer ni l'insulter, elles avaient dit ça comme ça, c'était une simple constatation, elle pouvait bien manger quarante livres de chocolats par année, si elle le voulait, ça ne les concernait pas, après tout...

Pendant ce temps-là, moi, j'en profitais pour me gaver; maman s'en aperçut et replaça le couvercle sur la boîte après m'avoir donné un semblant de tape derrière la tête.

«On n'a pas réfléchi pantoute, pis on n'est pas plus avancées! Non seulement on est pas plus avancées, mais j'ai ben envie de vous laisser vous débrouiller tu-seules!»

Protestations.

Elle se dirigea vers le vaisselier, entrouvrit une des deux portes vitrées.

«J'vas mettre le restant de la boîte là. Le monde pourront se servir...»

Ma tante Robertine jouait avec un petit papier glacé qu'elle fourra tout à coup sous son nez pour le humer.

«Hé, que ça sent bon! Mais laissez pas la boîte là... Si mon Claude la trouve, y en restera pus un seul demain matin...»

Ma grand-mère s'était remise à se bercer, peut-être un peu plus violemment que d'habitude, frustrée et bougonne.

«C'est vrai, ça. Si tu laisses ta boîte là, a' fera pas long feu! La tentation va être trop grande pour tout le monde...»

Ma mère referma la porte du vaisselier sans ménagement.

«De toute façon, ça a l'air que j'en mange trop, hein?»

Quelque chose sembla attirer son attention sur l'une des tablettes du gros meuble en bois foncé que ma grand-mère se vantait d'avoir rapporté de Charlevoix après son mariage qu'elle appelait le «jour maudit» en fronçant les sourcils et en se croisant les bras.

«À moins que… J'pense que j'ai une idée, madame Tremblay.»

À la fin d'une discussion, lorsqu'elles en arrivaient à une conclusion ou à une solution, ma mère et ma grand-mère, sans trop s'en rendre compte, excluaient automatiquement ma tante Robertine et celle-ci, chaque fois, depuis des années, s'en trouvait humiliée. Elle était même allée jusqu'à leur demander pourquoi elles faisaient ça, un jour, et sa mère s'était contentée de lui répondre que c'était parce qu'elle n'avait jamais été vraiment utile dans une discussion, que de toute façon tout se réglait toujours entre elle et la femme de son frère. Ma tante Robertine avait piqué une crise, mais n'avait jamais plus essayé de se mêler à une discussion quand elle en voyait arriver la fin.

Ma grand-mère avait cessé de se bercer, la main sur le cœur et l'espoir au front.

«De que c'est, donc?»

Maman rouvrit le vaisselier et en sortit un petit plat de verre.

«Pas ton beau plat à pinottes!

—Pas votre beau plat à pinottes!»

Elles avaient parlé en même temps, sur le même ton de désespoir, et ma mère leur fit signe que oui, un petit oui piteux qui contenait, qui soulignait surtout, qui le sublimait presque, le grand sacrifice qu'elle était sur le point de faire.

«Faut ben faire quequ'chose... Si on donne rien à c'te fille-là pour son mariage, ses parents nous regarderont pus jamais! On va passer pour des sauvages! On va passer pour des ignorants! On va passer pour des sans-dessein!»

C'était un plat rond en verre taillé vert pâle muni d'une petite cuiller, plutôt laid, que mes parents avaient reçu en cadeau de noces, vingt ans plus tôt, et qui avait toujours servi à contenir des cachous, des noix de Grenoble ou de simples pinottes salées lors des grands événements, partys d'anniversaire, fiançailles, soupers des fêtes ou autres importantes réunions de famille. S'il y avait plus de six invités, le plat de pinottes était retiré de sa tablette et brandi comme une preuve de richesse ou, du moins, de relative aisance. Il trônait au milieu de la petite table du salon, entouré de contenants moins fancy (le verre taillé était rare, à l'époque, dans les maisons d'ouvriers) que ma mère avait remplis jusqu'à ras bord d'olives vertes fourrées au piment rouge ou de branches de céleri garnies de fromage Pimento. Ma tante Berthe, qui avait donné ce plat à mes parents, ne manquait d'ailleurs jamais l'occasion de s'écrier au beau milieu des fêtes de famille : «Mon Dieu, Rhéauna, que t'as un beau plat à pinottes!» On l'avait cent fois retrouvé par terre, son contenu répandu sur le tapis du salon ou le pré-lart de la salle à manger, jamais cassé, au grand dam de mon père qui, allez savoir pourquoi, l'avait toujours détesté et qui s'exclamait chaque fois qu'il avait à le ramasser : «Y est pas tuable, c'te maudit plat-là!»

C'était là l'une des possessions les plus précieuses de maman, tout le monde le savait, et son sacrifice si inat-tendu prenait des proportions énormes aux yeux des deux autres femmes.

Ma grand-mère se leva avec difficulté de sa chaise berçante, fit le tour de la table en boitillant, prit le plat des mains de maman. Elle le contempla un bon mo-ment avant de parler, le retournant pour le regarder sous toutes ses coutures, l'approchant de ses yeux pour essayer une fois de plus (on y était tous passés), d'en décrypter la signature, une espèce de paraphe indéchiffrable égratigné dans le verre dépoli dont personne n'avait jamais réussi à percer le mystère.

«Tu peux pas faire ça, Nana, on va le chercher dans' maison pendant des années! Dans quoi on va mettre nos pinottes? On est habitués à les mettre là-dedans! La visite va s'en rendre compte! On va-tu être obligés de leu' mentir? De leu' dire qu'on l'a cassé? Qu'on l'a perdu? Y vont le chercher, eux autres aussi, c'est ce qu'on a de plus beau dans' maison! Que c'est que Barthe va dire si a' trouve pas son plat de pinottes quand a' va venir jouer aux cartes, samedi soir prochain? Faut que tu penses à tout ça, Nana, avant de t'en débarrasser comme ça... C'est toute une décision!»

Maman s'assit à côté de ma tante Robertine, pencha la tête et se mit à examiner ses ongles.

«On en achètera un autre, c'est toute! Un plus cheap. Un qu'on passera pas des années à avoir peur de casser... Pis Berthe, faites-vous-en pas, madame Tremblay, j'm'en occupe... Ça va être une histoire ben triste, pis a' va pleurer toutes les larmes de son corps, même si a' prétend qu'y y en reste pus tellement a' l'a souffert... M'as y en trouver, des raisons, moi...»

Elle lança un soupir d'enfant qu'on vient de punir sans vrai motif, se releva d'un coup en s'ébrouant comme un grand animal et se pencha pour ouvrir toutes grandes les portes du bas du vaisselier.

«Bon, ben ça sert à rien de se lamenter jusqu'à Noël, hein, ma décision est prise, pis le moins j'vas y penser, le mieux j'vas être! Y faut trouver que-qu'chose pour l'envelopper, à c't'heure. Y me semble que j'avais… ah, la v'là!»

Elle retira du fond d'une tablette une boîte de carton à l'effigie du Petit Versailles, un magasin pseudo chic du centre-ville où nous avions un jour acheté une licorne en porcelaine blanche pour le soixante-dixième anniversaire de ma grand-mère Tremblay, cassée au bout de quelques jours à peine alors que ma tante Robertine faisait l'époussetage forcé de la chambre de sa mère.

«J'vous l'avais ben dit qu'a' nous servirait, un jour, c'te boîte-là… J'peux la prendre, oui?

—Si t'es capable de sacrifier notre plat à pinottes, Nana, chus capable de sacrifier une boîte de carton vide, franchement!

—D'abord, c'est pas «notre» plat à pinottes, c'est «mon» plat à pinottes, pis deuxièmement, si j'avais le front de pas vous la demander, votre maudite boîte de carton, vous seriez capable de crier au meurtre pis de m'accuser d'être une voleuse! Pis d'en parler pendant des années!»

Elle se reprit aussitôt en posant une main sur le bras de sa belle-mère.

«Excusez-moi, madame Tremblay, j'sais pus ce que je dis…»

Ma grand-mère lui prit la boîte des mains, l'ouvrit pour vérifier qu'elle contenait toujours les feuilles de papier de soie qui avaient enveloppé sa licorne à jamais perdue.

«C'est correct, c'est correct, je comprends que tu soyes un peu énarvée après un sacrifice de même…»

Maman déposa délicatement le plat de verre taillé au fond de la boîte du Petit Versailles.

«Chus t'aussi ben de l'envelopper tusuite, ça sera faite… On va faire ça avant que je change d'idée!»

*　*　*

C'était somme toute un assez joli paquet. Maman avait déniché on ne savait où quelques feuilles supplémentaires de papier de soie rouge vif et un vieux ruban de la même teinte qu'elle avait rafraîchi en le passant à la vapeur et dont elle avait fait un chou peut-être un peu gros mais qui avait fière allure.

Elle avait ensuite déposé son œuvre sur la table de la salle à manger, avait reculé de quelques pas pour en juger l'apparence.

«C'est trop rouge pour un cadeau de noces, mais ça va faire l'affaire. Au moins, c'est joyeux…»

Ma grand-mère, elle, avait froncé les sourcils.

«C'est pas un cadeau de noces, c'est un chou avec un paquet en dessous!

—Madame Tremblay, voulez-vous le recevoir en arrière de la tête, le chou avec le paquet en dessous?

—Ben non, mais quand je pense que c'est notre beau plat à pinottes qui est enfermé là-dedans. J'pense que j'm'en remettrai pas!

—Vous avez dit ça de votre serin jaune quand y est mort, madame Tremblay, pis vous en parlez jamais.

—C'est pas parce que j'en parle pas que j'y pense pas! Tit-Pit est dans mes prières chaque soir!

—Ben, moi, mon plat à pinottes, j'ai décidé de l'oublier! Pis je vous prie de me croire qu'y sera pas dans mes prières à soir! Aussitôt qu'y va avoir passé la porte, y aura jamais existé! Je l'aurai jamais vu! J'ai assez de problèmes comme ça sans en ajouter un autre. Un niaiseux, en plus.

—C'est pas niaiseux, Nana, c'est ta belle-sœur Berthe pis ton beau-frère Albert qui t'ont donné ça pour ton mariage y a quasiment vingt-cinq ans!! Si toé t'es t'assez sans-cœur pour l'oublier, si toé t'es capable de pas le chercher dans' maison, eux autres, y vont le chercher quand y vont venir jouer aux cartes samedi soir prochain, pis que c'est qu'on va leur dire? Y voyent toute, y sentent partout, on n'est pas capables de rien leur cacher, on dirait quasiment qu'y restent ici-dedans avec nous autres!

—Bon! Ça y est! On recommence! Y me semble qu'on avait réglé ça, tout à l'heure... On leur dira qu'y a fini dans' poubelle, c'est toute! Écoutez, comme je vous le disais tout à l'heure, j'vas en prendre la responsabilité. J'vas leur dire que j'me sus assis dessus pis que je l'ai aplati comme une crêpe. Ça va les faire rire parce que le verre taillé ça s'aplatit pas, pis y chercheront pas plus loin... On n'est quand même pas pour faire un drame avec un plat en verre taillé que j'ai toujours trouvé laid!

—Tu le trouves laid!

—Ben non, ben non, j'ai pas dit ça...

—Nana! Tu viens de dire que t'as toujours trouvé ce plat-là laid!

—C'est pas ça que je voulais dire...
Je l'ai dit juste pour dire quequ'chose...
J'viens de vous le dire, j'veux pas qu'on
fasse un drame avec ça... pis j'aime
mieux penser que je l'ai toujours trouvé
laid.

—On a déjà faite des drames avec
moins que ça, ma tite-fille.

—Ben oui, je le sais. Personne peut
lâcher un pet croche ici-dedans sans
que ça fasse un drame.

—Surveille ton langage, chère, tu
deviens vulgaire!

—Le mot pet est pas vulgaire,
madame Tremblay, c'est celui qui le fait
qui l'est, pis laissez-moi vous dire que
vous êtes pas mal spécialiste dans le
sujet!»

Sans ajouter un mot, ma grand-mère
se drapa dans sa dignité et quitta la salle
à manger pour aller se réfugier dans sa
minuscule chambre où l'attendait le dernier Henry Bordeaux ou le nouveau
Hervé Bazin, ses consolations à tout,
surtout aux vérités qu'elle refusait de
voir parce qu'elles ne faisaient pas son
affaire.

Maman se frotta le front, puis se pinça
l'arête du nez en secouant la tête.

«Bon, ça y est, en v'là un vrai, un
drame. Va encore falloir que j'aille m'ex-
cuser pis faire des courbettes si on veut

qu'a' vienne souper avec nous autres...
Pis a' va faire un air de beu jusqu'à
demain.»

Elle prit le cadeau, joua quelques
secondes avec le trop important chou.

«Y est trop gros, c'te chou-là, on voit
rien que ça! Avoir su, j'y aurais juste
donné une boîte vide avec un gros
chou, à Lise Allard! Si y a de quoi, y
vaut plus cher que le maudit plat en
verre taillé! J'aurais dû le mettre *dans* la
boîte! A'l' aurait ouvert la boîte, là, pis
SURPRISE! un beau gros chou rouge!
J'aurais envie de le garrocher par le
châssis, c'est pas mêlant! Pis la laisser se
marier sans cadeau! En plus, peut-être
qu'a' s'en apercevrait même pas, si on y
en donnait pas!»

Elle se pencha vers moi. J'étais encore
sorti de sous la table pour écornifler.
Mais cette fois, je trouvais maman
injuste et je donnais raison à ma grand-
mère. Maman m'avait pourtant dit des
milliers de fois de ne pas répondre à
une personne plus vieille! Quand
maman sortirait de la salle à manger,
j'en profiterais pour aller consoler
grand-maman, ou plutôt, je le savais,
j'irais la déranger dans sa lecture.

Maman me tourna le dos comme
pour sortir de la pièce, puis se ravisa et
revint vers moi.

«Michel, va mettre ton habit neuve, tu vas aller porter le cadeau chez les Allard...»

La foudre serait tombée sur la maison que je n'aurais pas été plus pétrifié. Il n'était pas question que j'aille livrer le plat à pinottes chez Lise Allard pour le regarder aboutir au milieu des trop nombreuses lampes torchères et les toasters automatiques qui grillaient les deux côtés des tranches de pain en même temps, sans qu'on ait besoin de les retourner! D'abord, je me sentirais comme un traître vis-à-vis le maudit plat que j'avais manipulé des centaines de fois et, ensuite, j'étais beaucoup trop timide. Un cadeau de mariage, ça se faisait livrer, non? On entendait sonner à la porte, on allait ouvrir et un *étranger* vous disait: «Un cadeau de noces pour mademoiselle Unetelle...», pas un petit voisin endimanché, rouge comme une betterave et rendu bégayeux par la timidité! Et la honte! J'allais en faire mention à maman, expliquer, protester, supplier, quand elle pointa son index en direction de la chambre à coucher que je partageais avec mes parents depuis ma naissance, faute d'espace dans cet appartement pourtant loin d'être exigu.

«Pis que j'entende pas un mot! Pense pas que j'te vois pas venir! Tu mets ta plus belle habit, ta plus belle chemise, ta plus belle cravate, tu prends le paquet, tu fais attention pour pas l'échapper en descendant l'escalier, tu traverses la rue, tu sonnes à la porte des Allard, tu leu' donnes le maudit paquet avec le maudit chou trop rouge, tu rentres pas chez eux même si y t'invitent parce que t'es juste le livreur, pis tu reviens ici me faire un rapport complet! Compris? Pis si t'essayes de défendre ta grand-mère, j't'étire les oreilles par en arrière, pis je les attache avec une épingle à couche!»

Je savais que je n'avais pas le choix et je m'exécutai à contrecœur. Maman avait tout prévu et tout planifié, parce que je trouvai mes vêtements déjà étalés sur son lit.

Dix minutes plus tard, je traversais la rue, le paquet porté haut parce qu'il avait plu, mais la tête basse et les pieds traînants. Si les voisins me voyaient! Si mes amis me voyaient! Endimanché, poncé, briqué un jour de semaine, avec un chou rouge au bout des bras!

* * *

C'est un petit garçon pétrifié qui sonna quelques secondes plus tard à la porte des Allard. J'entendis le carillon, très loin au fond de la maison.

Je n'espérais pas qu'ils soient absents, j'espérais qu'ils soient morts.

J'étais déguisé de pied en cap en enfant parfait, pantalon long, chemisette raide d'amidon, cravate ridicule à l'effigie de Dumbo, cheveux séparés à gauche et bien collés sur le crâne. J'adorais ma cravate Dumbo, j'avais fait crise sur crise pour l'avoir, mais là, à ce moment précis, j'aurais voulu qu'elle soit ailleurs, le plus éloignée possible de la rue Fabre, et avec moi dedans! D'ailleurs, elle m'étranglait. Je la desserrai d'une main en tirant derrière le nœud. Puis je collai mon nez contre la vitre de la porte d'entrée. Personne à l'horizon. Youppi! Sont peut-être vraiment morts! J'allais rebrousser chemin, faire à ma mère qui me guettait du haut de notre balcon, de l'autre côté de la rue, un geste d'impuissance et rendre enfin ce paquet qui me brûlait les doigts lorsque la porte s'ouvrit. S'entrebâilla, plutôt, parce que chez les Allard, on n'ouvrait jamais la porte toute grande alors que chez nous, on n'avait pas besoin de le faire, les invités la poussaient avant qu'on arrive dans le vestibule en criant des bonjours sonores et des cris de joie. Chez les Allard, on était invité à entrer; chez nous, on entrait comme dans un moulin sans toujours y être invité.

La mariée!

Elle devait être en train de préparer une quelconque pâtisserie parce qu'elle avait les mains enfarinées et la taille ceinte dans un joli tablier de coton imprimé. Les Allard, les chanceux, possédaient un malaxeur électrique, chose absolument impensable chez nous vu l'état de nos finances, et les quatre femmes de la maison étaient toujours en train de planifier quelque gâteau compliqué qui, au sortir du four, aurait l'air d'avoir été pensé et exécuté par un grand chef pâtissier. Elles me laissaient toujours les batteurs à lécher et je sortais souvent de chez elles avec une légère nausée, néanmoins délicieuse. J'entrais chez nous, maman était penchée au-dessus du poêle, me regardait et disait: «T'as encore été licher les batteurs des sœurs Allard, tu vas encore avoir mal au cœur avant le souper!»

Lise Allard sourit à mon évidente confusion.

«Mon Dieu! On dirait qu'un beau jeune homme tout propre vient me porter un cadeau de noces!»

Silence. J'avais la gorge serrée, la langue épaisse et lourde comme un bloc de bois. Je me contentai de monter le paquet à la hauteur de mon nez et de tendre les bras, comme s'il m'avait

38

brûlé. Lise Allard le prit, toujours souriante.

«Merci beaucoup. Entre, je vais te préparer un verre de cacao.»

Pas du cocoa. Du cacao. Les Allard parlaient mieux que nous, étaient mieux habillés et semblaient plus riches, mais ma mère prétendait qu'ils ne mangeaient pas mieux que nous parce qu'elle avait décidé que chez les Tremblay, malgré notre évidente pauvreté, nous tenions la meilleure table du quartier. Je suppose que ça la rassurait. Mais elle n'avait jamais goûté leur *Boston cream pie*! Ni leur bagatelle aux fraises!

Elle m'avait défendu d'entrer chez les Allard, même s'ils se mettaient à genoux pour me supplier:

«Fais comme chez le grand monde, pour une fois. T'es juste le livreur qui vient livrer une livraison, t'es pus le petit voisin d'en face qui vient les déranger à tout bout de champ pour des niaiseries ou licher les batteurs de leur malaxeur! Tu tends les bras, pis tu dis: «Un cadeau de noces pour mademoiselle Lise Allard!» Tu prononces bien chaque syllabe: ma-de-moi-sel-le Li-se Al-lard. «Ensuite, tu fermes ta boîte pis tu viens me décrire l'air qu'elle avait!»

Mais rien ne sortait.

Pas une seule syllabe, même mal prononcée.

Lise se pencha un peu vers moi.

«Michel, qu'est-ce que tu as, donc? D'habitude, tu es moins timide que ça!»

Elle me prit gentiment par la main et me tira avec elle dans la maison. Je tournai la tête avec désespoir en direction de ma mère qui, d'étonnement, s'était redressée en posant ses poings sur ses hanches. Malgré la distance, je lus ce qu'elle pensait sur son visage et je sus tout de suite que mon retour à la maison ne serait pas des plus agréables.

J'étais prisonnier et je n'y pouvais rien.

Lise me tira le long du corridor, jusque dans la salle à manger, puis dans la cuisine où, en effet, sa mère et ses deux sœurs, Olivette et Yolande, s'en donnaient à cœur joie avec le malaxeur électrique.

Olivette s'essuya les mains avec un linge à vaisselle déjà blanc de farine.

«As-tu été obligé de sonner plusieurs fois, Michel? Cette machine-là fait tellement de bruit!»

Lise montra le paquet aux trois autres femmes.

«C'est un petit livreur muet qui est venu me porter un cadeau de noces. Je me demande bien de la part de qui.»

Je tombai évidemment dans le piège et m'empressai de dire, peut-être un peu trop fort: «C'est de la part de ma mère! Je veux dire, de toutes nous autres, mais c'est ma mère qui l'a préparé.»

Madame Allard s'essuya les mains à son tour et se dirigea vers la salle à manger. Elle boitillait un peu comme ma grand-mère Tremblay et, de dos, parfois, quand j'étais plus petit, il m'était arrivé de les confondre.

«Tu devrais l'ouvrir tout de suite, Lise, comme ça, le livreur pourra aller faire son rapport...»

Elle savait que j'avais un rapport à faire!

Mon cœur battait. Qu'est-ce qu'elles allaient dire? Est-ce que notre pauvre petit cadeau était digne du mariage de la fille d'un banquier (le père de Lise était gérant de banque mais ma tante Robertine l'appelait «le banquier» avec respect et vénération) avec un professionnel? Nous ne savions rien du garçon que Lise allait épouser, mais la maisonnée Tremblay avait décidé que ce devait être un professionnel. Ma grand-mère avait même dit: «*Au moins* un professionnel, y a l'air assez smatte!»

Elles s'installèrent toutes les quatre autour de la table de la salle à manger (comme chez nous) et je regardai Lise déballer son cadeau avec des précautions infinies. On aurait dit que c'était le chou, le ruban, le papier les plus précieux au monde et j'en fus flatté. En fin de compte, elle ne semblait pas trouver que c'était trop rouge pour un mariage… Ou elle faisait tout pour le cacher. Les Allard étaient aussi reconnus pour leur délicatesse.

Mon cœur battait encore plus fort quand elle ouvrit la boîte, quand elle enleva le papier de soie…

Elle sortit le plat en verre taillé de la boîte du Petit Versailles – il était très joli, tout à coup, à la lumière du lustre qui descendait bas au-dessus de la table –, l'éleva à la hauteur de ses yeux et s'exclama aussitôt :

«Oh, le beau moutardier avec sa petite cuiller!»

Et sans réfléchir je répondis du tac au tac :

«C'est pas un moutardier, chez nous on s'en servait pour mettre des pinottes!»

Je m'entendis le dire, en compris le sens, les ramifications, les conséquences presque avant d'avoir terminé ma phrase, et je voulus mourir sur-le-champ. Une chaleur monta de mon plexus solaire, mon cœur sembla se gonfler au point d'éclater puis coula en direction de mes pieds. J'eus un éblouissement et dus me tenir à la table pour ne pas tomber. Je perçus vaguement des voix, madame Allard qui disait : «Le pauvre enfant, y va perdre connaissance!», Yolande, la fille aînée, qui en rajoutait à ma honte : «J'comprends, après une gaffe pareille!», Olivette qui courait déjà en direction de la cuisine : «J'vais aller chercher une débarbouillette d'eau froide...» Mes oreilles devaient être rouges parce qu'elles chauffaient, des larmes, brûlantes, elles, glissaient sur mon visage. Des mains me prirent aux épaules, quelqu'un m'installa dans le fauteuil de madame Allard – un honneur sans précédent –, on détacha ma cravate trop serrée.

Quand je revins à moi, j'avais un linge mouillé sur le front et Lise me tendait un verre d'eau.

«Tiens, ça va te faire du bien...»

Me faire du bien? Un coup de carabine dans la poitrine m'aurait fait du bien, rien d'autre!

J'étais incapable de présenter des excuses, j'avais l'impression que si on abordait la question ou que si j'essayais de m'expliquer, je me mettrais à vomir sans jamais pouvoir m'arrêter. Je voulais dormir. Pour oublier. Faire l'autruche ou bien qu'on me déclare officiellement malade mental et qu'on m'enterre à Longue-Pointe, là où ma mère prédisait que j'allais aboutir quand je l'énervais trop. Je méritais les reproches les plus véhéments, les punitions les plus sévères. Je n'étais pas un mauvais petit garçon, j'étais un monstre qui venait de faire son premier vrai geste de monstre, honteux et irréparable.

Elles comprirent toutes les quatre dans quel état j'étais et me laissèrent partir sans rien ajouter au sujet de ma gaffe. Juste avant de quitter la salle à manger, j'aperçus le plat de verre taillé et le maudis en lui souhaitant de finir ses jours rempli de moutarde forte, la française, la pire, celle que je détestais le plus.

Après m'avoir ouvert la porte, Lise posa sa main dans mon cou.

«Tu diras à ta mère que ça s'est bien passé. Que votre cadeau est magnifique et que je vais le garder précieusement toute ma vie.»

* * *

«T'as pas été leur dire ça! T'as pas été leur dire ça! Mais t'as pas de tête su'es épaules, mon pauvre enfant! Comprends-tu au moins ce que t'as faite?

44

J'pourrai pus jamais regarder c'te monde-là en face! Pis eux autres non plus! On pourra même pus se saluer sur le parvis de l'église! Chaque fois qu'on va se voir, y va y avoir un plat de pinottes qui va flotter entre nous autres! Lise voudra pus voir ta cousine Hélène! Madame Allard voudra pus prêter de livres à ta grand-mère Tremblay! Pis quand je passe devant chez eux pour me rendre au restaurant de Marie-Sylvia, comme ça m'arrive quasiment tou'es jours, l'été, madame Allard va-tu me tendre mon beau plat de pinottes avec de la moutarde dedans pour rire de moi? Pis de notre pauvreté! Non, c'est vrai, c'est pas elle qui va l'avoir, y va être chez Lise… Mais entéka! On est trop pauvres pour acheter des cadeaux de noces, c'est vrai, mais c'tait pas nécessaire d'aller leur en faire la démonstration!»

Ma mère était depuis longtemps passée maître dans l'art de nous faire avouer nos gaffes et je n'ai pas besoin d'ajouter qu'en me voyant revenir de chez les Allard, elle avait tout de suite compris que quelque chose de grave s'était produit. J'étais pâle comme un linge, j'avais le cou mouillé et ma cravate était desserrée.

«T'es quand même pas allé dans une séance de chatouillage! Envoye, crache!»

En moins de cinq minutes, j'avais tout avoué et après s'être massé le cœur avec la main droite comme si elle allait mourir sous mes yeux au cours d'une crise cardiaque spectaculaire, maman avait entamé l'un de ces si longs et si lyriques monologues qu'elle utilisait pour tout exagérer, même les faits les plus anodins, en donnant naissance à des drames sans queue ni tête qu'elle embellirait et peaufinerait au cours des années et qui finiraient par n'avoir plus aucun rapport avec ce qui s'était passé à l'origine.

«J't'avais dit de pas rentrer là, aussi! De donner le maudit cadeau sans rien dire, de retraverser la maudite rue pis de remonter le maudit escalier pour rentrer directement dans notre maudit appartement! C'tait facile, non? Mais non! Y fallait que t'ailles faire ton smatte, là, dans l'espoir d'avoir un batteur à malaxeur électrique à licher, je suppose, pis que t'ouvres ta grande boîte que t'es pas capable de tenir fermée même si on te la coud avec du gros fil numéro dix!»

Mais elle avait fini par se rendre compte à quel point j'avais honte, à quel point, surtout, je comprenais l'importance de ma gaffe et, pour une fois, elle avait laissé un monologue en suspens, pourtant réussi, parti, même, pour garnir le palmarès de ses plus beaux, un fleuron avorté dont elle ne reparlait jamais mais qu'elle avait dû avoir de la difficulté à abandonner en cours de route, comme ça, par pure pitié pour moi, alors qu'il avait si bien commencé.

Elle avait lancé un soupir long comme une nuit d'hiver, puis m'avait dit d'aller me laver les mains pour le souper.

«Ça sert à rien de brailler jusqu'à demain matin, hein, c'est faite pis c'est pas défaisable… Mais si madame Allard pouffe en me voyant rentrer à l'église, dimanche prochain, laisse-moi te dire que tu vas y goûter! Pis si au lieu de passer la quête avec leur poche à manche, comme y font tout le temps, y la passent avec mon plat à pinottes, j'te tue!»

Consciente de l'absurdité de ce qu'elle venait de dire, elle prit le parti d'en rire comme si ça avait juste été un bon mot.

«Hé, que chus folle! Mais chus drôle, par exemple!»

* * *

À quelques jours de là, maman reçut un court billet de remerciement de la part de Lise Allard: «Mille fois merci à

tout le monde pour le si joli plat à cacahuètes. Nous penserons à vous chaque
fois que nous nous en servirons.» Elle
jeta le billet sur la table de la salle à
manger. «Y vont rire de nous autres
chaque fois qu'y vont s'en servir, oui…
Tu le savais pas, Michel, mais tu viens
de partir une légende qu'y vont se
conter pendant des générations…» Elle
se moucha, se tamponna un peu les
yeux et régla le cas de Lise Allard d'une
seule phrase lapidaire: «De toute façon,
si 'est assez snob pour appeler des
pinottes des cacahuètes, a' méritait pas
mieux!»

STURM UND DRANG

La fameuse légende de la foudre qui traverse la maison d'un bout à l'autre pendant un orage en laissant derrière elle une trace noire sur le plancher et une odeur de roussi, annonciatrice de malheurs et de cataclysmes, a accompagné toute ma petite enfance. C'est ma grand-mère Tremblay qui la racontait, les yeux ronds, la voix rauque, le geste menaçant, comme à la fin du Petit Chaperon rouge quand le grand méchant loup prend la parole pour régler son cas à la petite niaiseuse.

Ça se passait au début de son mariage, dans le Vieux-Montréal. Elle faisait son lavage, un orage s'était déclaré, elle avait oublié de fermer les deux sorties de la maison qui se faisaient face et… Elle préparait bien la chute de son histoire. Elle commençait par mimer la jeune femme insouciante qui passe son

linge dans le tordeur, on voyait presque
défiler les robes, les chemises, les chaus-
settes; quand arrivait le temps des sous-
vêtements, elle faisait des grimaces, se
bouchait le nez et, chaque fois, même si
je la voyais venir, j'éclatais de rire. Mais
j'étais aussi un peu nerveux parce que
je savais ce qui allait suivre et que *ça
s'en venait*! En effet, quelques secondes
après m'avoir fait rire, elle produisait, du
geste et de la voix, un énorme *boum*
qui me faisait sursauter et commençait
la description du *plus gros orage de tous
les temps*. À force de le raconter, d'en remettre et d'en rajouter encore, cet orage
était devenu une espèce de gigantesque
ouragan à côté duquel les typhons du
Japon semblaient de simples ondées
d'avril dans un film de Walt Disney.

Après la fin de l'histoire, quand je me
retrouvais tout tremblant et au bord des
larmes, maman disait invariablement à
sa belle-mère:

«Franchement, madame Tremblay!
Faire peur à un enfant comme ça! À
votre âge! C'est moi qui vas être obligée
de le désénerver!»

Ce à quoi ma grand-mère répliquait
sans broncher:

«Y a rien que c't'enfant-là aime plus
que d'avoir peur! De toute façon, c'est
lui qui me l'a demandé!»

Il n'y avait rien à répondre et ma mère prenait son trou.

Et m'engueulait aussitôt que je me retrouvais seul avec elle.

Et me faisait promettre de ne plus redemander cette histoire.

Et, bien sûr, je recommençais à la première occasion.

Grand-maman, sachant ma mère occupée quelque part dans la maison, profitait même parfois de ce que nous nous retrouvions tous les deux seuls sur le balcon d'en avant pour me chuchoter la version allégée de l'histoire, question de tester mon endurance, je suppose, ou pour répondre à un besoin morbide de me faire peur. Elle ne pouvait pas crier, on l'aurait prise pour un bourreau d'enfant, alors elle se contentait de se pencher vers moi, de me souffler l'histoire comme si c'était un secret très important qu'elle me faisait l'honneur de me dévoiler pour la première fois, mimait petit, murmurait le bruit de la foudre en gargouillis très laids et finissait par ressembler à une sorcière qui tousse plutôt qu'à un cataclysme qui se déchaîne. Mais ma réaction, à la fin, quand la foudre passait devant elle en faisant trois tours autour de la machine à laver, lui frôlait le fessier – ma grand-mère adorait le mot fessier presque autant que concubinage – et ressortait par la fenêtre de la cuisine en renversant le fauteuil favori de mon grand-père, était pire que pour la version habituelle, peut-être, justement, parce que tout était suggéré plutôt qu'appuyé. Maman, chaque fois, finissait par m'entendre. Elle sortait, le linge à épousseter à la main ou le balai de paille jaune à bout de bras, et la discussion recommençait. Ma grand-mère riait dans sa barbe – elle en avait un peu, à la fin de sa vie, quelques poils follets dont il était bien sûr défendu de se moquer –, j'allais me cacher dans un coin retiré de la maison et ma mère se retrouvait impuissante, comme d'habitude, devant l'évidente mauvaise foi de sa belle-mère.

Tout ça pour dire que j'avais fini par développer une peur bleue des orages.

D'ailleurs, tout le monde dans la maison, sauf mon père, était dans le même cas. Y compris ma grand-mère, beaucoup moins fanfaronne quand un orage éclatait que lorsqu'elle racontait celui qui l'avait terrassée dans sa jeunesse. Si un orage surgissait sans prévenir au milieu de l'après-midi, les placards de la maison se remplissaient de femmes affolées munies de rameaux et d'eau bénite ; s'il se déclarait la nuit comme dans le récit que j'aborde, les draps étaient remontés par-dessus les têtes, ma cousine Hélène se collait contre mon frère Bernard avec qui elle partageait le sofa du salon, ma mère se réfugiait auprès de mon père, ma tante Robertine et ma grand-mère sous leur oreiller. Des cris de terreur s'élevaient chaque fois que le tonnerre se faisait entendre, des prières à la bonne sainte Anne sortaient du creux des lits, des chapelets étaient brandis comme autant d'armes infaillibles contre les assauts du ciel déchaîné. Et si l'orage se révélait vraiment très violent, les placards se remplissaient encore une fois de femmes hystériques qui, sans y penser, dominaient leur peur de la noirceur par peur du tonnerre.

On n'avait pourtant rien annoncé de particulier pour cette nuit-là, à part une belle pluie d'août qui viendrait enfin dissiper cette horrible et collante humidité que nous avions eue à endurer sans relâche plusieurs semaines de suite. Un front froid s'avançait; on disait qu'il balaierait tout le Québec d'un air sec et vivifiant, précurseur de l'automne. Toute la maisonnée s'était préparée à cette pluie en soupirs de satisfaction et remarques désobligeantes pour le maudit été trop chaud, trop long, trop collant. Ma grand-mère prétendait soudain détester l'été, ma tante Robertine rêvait au mois d'octobre, mes frères parlaient déjà de hockey. Six mois plus tard, aux premiers frémissements du printemps, ils proféreraient des horreurs semblables au sujet de l'hiver. Ma mère déclara que les habitants des pays tempérés ne sont jamais contents et qu'ils critiquent tout le temps ; ma grand-mère lui répondit que le Canada n'était tempéré qu'au printemps et à l'automne. Le reste du temps, c'était un pays insupportablement excessif.

«L'hiver y fait trop frette, pis l'été y fait trop chaud. Moé, j'me contenterais du mois de mai ou ben du mois de septembre à l'année! Y paraît qu'au Paradis terrestre, là, c'était le mois de septembre à l'année! Y avait tout le temps des fruits, pis tout le temps des légumes! Y pouvaient en manger du frais à l'année longue, les chanceux! Tiens, ça veut même dire, Nana, que quand t'es venue au monde, un 2 septembre, y faisait la même température qu'au Paradis terrestre!»

Ma mère avait posé ses deux mains sur ses hanches comme lorsque j'avais fait un mauvais coup et que le ciel allait me tomber sur la tête.

«Madame Tremblay! Franchement! Vous lisez trop pour croire des niaiseries pareilles! Qui c'est qui est allé tchéker ça? Hein? Y avait-tu un météorologue au Paradis terrestre? C'est-tu dans la Bible, coudonc? *Dieu inventa le mois de septembre et vit que c'était bon?* Vous êtes trop intelligente pour croire ça!

—Chus comme toé, chère tite-fille! J'cré ce qui fait mon affaire!»

Ma mère, bouche bée, était retournée à sa besogne.

Nous nous étions donc tous mis au lit ce soir-là en espérant être réveillés par le doux bruissement de la pluie dans les arbres et la fraîcheur de l'automne à travers nos draps propres. Dix personnes s'entassaient dans ce grand appartement de sept pièces: ma grand-mère Tremblay, sa fille Robertine et ses deux enfants, Hélène et Claude ; son fils, mon père, avec sa femme et leurs trois fils, mes deux frères, Jacques et Bernard, et moi. Mon oncle Lucien, le mari de ma tante Robertine, était disparu depuis un certain temps et personne ne s'en plaignait. Quant à mes deux oncles célibataires, Fernand et Gérard, ils partageaient une petite chambre *en attendant de se trouver du travail.*

Mais ce furent les grandes orgues de la foudre qui nous réveillèrent. Un spectaculaire coup de tonnerre se fit entendre vers les deux heures du matin, pendant qu'un véritable cataclysme s'abattait sur Montréal endormie.

Des hurlements sortirent aussitôt des chambres :

« Fermez les châssis !

— Mon Dieu, c'est la fin du monde !

— Mon lit est déjà tout mouillé !

— J'ai jamais entendu une affaire de même !

— Avez-vous vu ça ? Je pensais que quelqu'un prenait des portraits !

— On n'a pus d'étriceté ! On n'a pus d'étriceté ! »

C'était vrai. Le quartier au complet était plongé dans le noir. Ma mère se leva en tâtonnant dans l'obscurité et ferma la fenêtre de la chambre qui se trouvait juste à côté de mon lit.

« J'espère que ça durera pas long-temps, parce qu'on va avoir chaud t'à l'heure ! »

La porte de la chambre s'ouvrit brus-quement et claqua contre le mur. Ma tante Robertine tenait une chandelle et un rameau à bout de bras ; elle avait de la difficulté à s'exprimer tant elle était énervée.

« Moman a disparu ! »

Maman lui prit la chandelle des mains et, tout en lui répondant, vint vérifier si j'étais réveillé.

«As-tu regardé dans son garde-robe? C'est toujours là qu'a' se cache quand y tonne! Même la nuit!

—Mon Dieu, c'est vrai, j'y avais pas pensé tellement j'étais énarvée!»

Ma mère avait déjà allumé une chandelle trouvée au fond du tiroir de sa table de chevet.

Ma tante repartit avec la sienne et disparut vers le devant de la maison.

«Moman! Moman, êtes-vous dans le garde-robe? Vous auriez pu me le dire quand chus rentrée dans votre chambre! J'étais là que je m'époumonais pour rien!»

Mon père venait juste de se réveiller. Partiellement sourd et toujours difficile à tirer du sommeil tellement il dormait dur, il n'avait pas dû entendre la déflagration et se demandait ce qui se passait.

«Que c'est que tu fais avec une chandelle, Nana? Es-tu somnambule?»

Un éclair illumina la fenêtre, suivi d'un second coup de tonnerre, pire que le premier. Il comprit aussitôt et sauta du lit.

«Bon, ben, je suppose que toute la maison est sens dessus-dessous, là!»

D'autres cris s'étaient élevés d'un peu partout dans l'appartement.

«Poussez-vous, moman, que je m'enfarme avec vous!

—J'ai échappé ma chandelle dans mon lit! J'ai échappé ma chandelle dans mon lit! Ah, la v'là! Ma chandelle est éteinte! Ma chandelle est éteinte!

—Si la boule de feu passe dans' maison, a' va rester enfermée pis a' va nous tuer! Tout est fermé, a' pourra pus ressortir!

—Si tout est fermé, a' pourra pas entrer, niaiseuse! Farme-toé donc!»

On dit que le pandémonium est la capitale de l'enfer; cette nuit-là, la capitale de l'enfer était située au 4690 de la rue Fabre, à Montréal, province de Québec, Canada, et était habitée par une gang de poules à la tête coupée.

Moi, j'étais prostré dans le fond de mon lit, le drap remonté par-dessus la tête, les yeux fermés, les jambes ramenées vers mon ventre. Je ne voulais pas de chandelle, je ne voulais pas qu'on vienne me consoler, je voulais seulement disparaître dans mon matelas, remplacer le rembourrage, devenir une matière sans sensibilité, sans vie, surtout sans peur. J'imaginais être un objet inanimé, le lit ou le matelas ou l'oreiller; je ne saurais pas qu'il y avait un orage, je ne verrais ni n'entendrais rien et je serais parfaitement heureux! Ben non, voyons donc, innocent, un objet, ça peut pas être heureux! Ben, je serais heureux pareil!

J'entendis ma mère qui disait, assez fort pour que mon père l'entende, probablement en tenant une chandelle près de sa bouche pour qu'il lise sur ses lèvres ou en lui faisant de grands signes:

«Va donc vérifier si tout est correct dans le reste de la maison, Armand, moi j'm'en vas dans le garde-robe…»

Je voulais aller la rejoindre et repoussai mon drap sous lequel il faisait trop chaud. Maman avait ouvert la porte du placard, repoussait avec des gestes délicats vers la gauche ou la droite les vêtements pendus à la tringle centrale. Pour se faire une place. Se creuser un trou, en fait. Elle entra, se tourna vers la chambre et tira la porte sur elle. Pour l'enfant de quatre ou cinq ans que j'étais, ce fut un spectacle des plus étranges que de voir ma propre mère s'enfermer dans le noir, comme ça, tout en ayant conscience de ce qu'elle faisait et pourquoi.

Mon père secouait la tête, découragé.

«Nana, s'il vous plaît, sors donc de là… Tu te vois pas, on dirait un ours qui s'en va hiberner dans notre garde-robe!»

Un troisième coup de tonnerre enterra sa voix, suivi aussitôt d'un quatrième, le pire jusque-là, qui fit s'élever des cris de terreur un peu partout dans l'appartement.

La voix de ma mère me parvint, assourdie :

«Michel ! Êtes-vous toujours vivants ? Si t'es toujours vivant, essaye de faire comprendre à ton père que chus morte de peur ! Y a peur de rien, lui, y est chanceux ! Y se promènerait au beau milieu d'un orage avec un paratonnerre dans les mains ! Michel, m'entends-tu ? Michel !»

En se retournant pour sortir de la chambre, mon père m'aperçut. Il s'approcha de mon lit à grandes enjambées et me prit dans ses bras. Ça ne s'était pas produit depuis ma toute petite enfance et je m'envolai vers le plafond en lançant un petit cri. Bien sûr, ma mère réagit aussitôt.

«Michel ! Qu'est-ce que t'as ! Le feu est-tu pris ?»

Mais ce que me dit mon père en me pliant sur son épaule comme une poche de patates dut la rassurer parce qu'elle ne répliqua pas.

«Viens, Michel, on va aller explorer la maison pour voir si y a pas une boule de feu qui se cache quequ'part... Pendant ce temps-là, ta mère va essayer de retrouver les boîtes de boules de Noël qu'elle avait pardues, l'année passée...»

Il rit de sa repartie et ajouta :

«T'es donc ben rendu pésant !»

Je lui aurais volontiers répondu que la dernière fois qu'il m'avait pris dans ses bras, j'étais probablement un bébé, mais ma position inconfortable m'empêchait de parler et, de toute façon, il ne m'aurait pas entendu. Et je commençais à avoir mal au cœur.

«Attends, j'vas te transférer de mon épaule à mes bras, tu dois pas être à ton aise, comme ça, ça brasse trop…»

Je mis aussitôt mes jambes autour de lui. Comme j'étais haut! Dans la pénombre parfois traversée par la lumière d'un éclair, tout me paraissait lointain, tout à coup. Les choses que je voyais habituellement d'en dessous parce que j'étais encore petit me semblaient très différentes vues des airs.

Je me disais: «C'est comme ça que les adultes voient le monde? De par en haut? Y ont jamais le vertige?»

La table de la salle à manger avait glissé à côté de nous comme un animal qui se sauve pour aller se cacher, le cadre de la porte de communication entre la salle à manger et la cuisine avait frôlé nos têtes, je pouvais voir le dessus de la glacière où trônait le gâteau au chocolat qu'avait fabriqué maman, la veille, et qu'elle avait juché là pour qu'il soit hors de ma portée. J'aurais pu tendre le bras, en prendre une poignée, surtout du glaçage, me la fourrer dans la bouche, personne ne s'en serait rendu compte. Mais papa marchait trop vite. Et, de toute façon, j'aurais probablement eu peur de la réaction de maman, le lendemain matin, en trouvant son gâteau éventré.

Nous parcourûmes ainsi toute la maison, ou plutôt, j'eus l'impression que je volais à travers toute la maison. J'étais à six pieds au-dessus du sol et je me glissais partout sans avoir à marcher! Le corridor défilait à toute vitesse, les différentes pièces de l'appartement étaient parcourues comme si j'étais un oiseau pressé en visite, les portes s'ouvraient sans que j'aie à tendre la main. Et tout ça à une telle vitesse! J'étirai la main pour voir si je ne sentais pas l'air passer, comme en voiture. Non. Quand même, on n'allait pas si vite que ça! Le téléphone mural, l'objet le plus défendu de toute la maison, passa à côté de moi, à hauteur d'épaule de mon père. J'aurais aimé qu'il sonne, répondre, crier: «Chus dans les bras de mon père pis c'est la plus grande aventure de toute ma vie!»

Mes deux frères et mon cousin Claude, assis dans le salon, regardaient l'orage par la fenêtre. Ils sursautaient chaque fois que le tonnerre grondait, mais ne bougeaient pas. Jacques était déjà presque un adulte et Bernard un adolescent boutonneux qui n'aurait pas souffert qu'on le pense peureux. Quant à Claude, de deux ou trois ans mon aîné, ses mains le trahissaient. Elles couraient sur ses genoux, papillons énervés qui attendent que tout soit terminé pour s'échapper. Il aurait bien voulu, comme moi tout à l'heure, aller rejoindre sa mère dans le fond du garde-robe au milieu des bottes d'hiver et des vêtements trop chauds, mais lui non plus ne voulait pas passer pour un froussard.

«Ça va, les boys? Pas trop de dommage?»

Ils firent semblant de rire, se redressèrent pour faire les hommes, et nous ressortîmes de la pièce. Je crois bien que Claude, dont le père avait presque toujours été absent avant de disparaître définitivement, aurait aimé que nous le prenions avec nous, mais papa avait la tête ailleurs.

Ses deux ineffables frères, Fernand et Gérard, «les chambreurs», comme les appelait parfois ma mère quand elle n'en pouvait plus de les voir errer à travers la maison parce qu'ils travaillaient rarement et jamais très longtemps, ronflaient comme des bienheureux, assommés par la bière. La chambre voisine, celle de ma grand-mère, était vide, mais nous savions que cette dernière était enfermée dans le placard dont la porte était entrouverte et qu'elle nous avait vus entrer.

« Ça va, moman ? La boule de feu vous a pas encore brûlé le fessier ? »

Il rit, fier encore une fois de son bon mot.

Une vieille petite voix parvint du fond du garde-robe :

« Penses-tu que c'est drôle de passer la nuit dans la boule à mites ? »

Bien sûr, il ne l'entendit pas.

« A l'a-tu répondu ? »

Je fis signe que oui.

Il sourit.

« Est pas encore morte. Ça sera pour une autre fois... »

Ma grand-mère réagit aussitôt :

« Savoir que tu m'entendrais, toé, j'te dirais ma façon de penser, grand fanal éteindu ! »

Comme nous parcourions le corridor pour retourner à notre chambre rassurer maman, une lumière blanche éclaira assez longtemps la porte d'entrée située juste derrière nous, suivie aussitôt par un vacarme comme je n'en avais jamais entendu de ma courte existence. Même papa sursauta.

« Oh, boy ! C'tait une belle, celle-là ! Viens, Michel, on va aller voir ça ! »

Aller voir ça? Où ça? Quand même pas dehors!

Il se retourna et nous nous dirigeâmes à pas de géant vers la porte d'entrée de l'appartement. Je me mis à me débattre. Je savais qu'il ne servirait à rien de protester parce qu'il ne m'entendrait pas, aussi optai-je sans vergogne pour les coups de pied bien placés, c'est-à-dire en direction du bas-ventre.

«Arrête de te débattre comme ça, Michel, on s'en va voir un des plus beaux spectacles du monde!»

Ça, un beau spectacle? Mais c'était l'horreur! C'était plein de boules de feu qui frôlent les jupes des femmes et qui brûlent tout sur leur passage! Sans compter les fessiers! Sans compter la senteur d'enfer! La boucane! Les flammes! Un brasier! Mon père m'emmenait dans un brasier!

Il ouvrit toute grande la porte; une trombe d'eau tiède nous submergea d'un seul coup et je me dis ça y est, c'est là qu'on meurt! Dehors, c'était chaud, humide, l'orage battait son plein, des éclairs jaillissaient presque sans cesse et le tonnerre semblait tomber un peu partout en provoquant des échos horrifiants. Ça sentait fort quelque chose que j'ignorais encore être de l'ozone, les arbres étaient secoués de bourrasques de pluie, le monde entier était mouillé et la colère du ciel tombait sur nous en vagues enragées et destructrices. Comme si la nature s'était vengée de quelque chose que je ne saisissais pas encore.

«R'garde si c'est beau, Michel! R'garde ça si c'est beau!»

Beau?

Mais c'était la fin du monde!

J'étais tellement terrifié que j'étais convaincu que j'allais d'une seconde à l'autre faire pipi sur la bedaine naissante de mon père.

Il s'assis sur la chaise à bascule de sa mère, me retourna dans ses bras, m'installa sur ses genoux.

«Garde pas les yeux fermés comme ça… Ouvre-les. Pis regarde ça…»

Il se releva aussitôt que j'eus les yeux ouverts et s'approcha de la rambarde du balcon contre laquelle il s'appuya. Il se pencha même un peu au-dessus du vide.

Ça non plus, les arbres, les escaliers extérieurs, les balcons voisins, la rue, je n'avais jamais vu ça d'aussi haut et, au lieu d'avoir peur, les pieds battants au-dessus du gouffre et la tête sous la pluie, je connus un des plus agréables vertiges de mon enfance.

La pluie nous tombait dessus, les éclairs éclataient, suivies du tonnerre qu'on prétendait si dangereux, les arbres étaient secoués par un vent violent et produisaient un bruissement qui aurait dû me terroriser, mais plus rien ne semblait dangereux parce que j'étais à vingt pieds du sol, dans les bras de mon père qui, par la seule force de sa volonté, faisait en sorte que rien ne m'arrive!

Rien ne pouvait m'arriver!

Protégé contre tout mal, rendu invincible par la présence de mon père qui affrontait la tempête au lieu de se cacher, j'étais l'enfant le plus heureux du monde.

J'étendis les bras dans la tourmente, levai la tête, ouvrit la bouche pour boire l'eau qui tombait du ciel. Comme c'était bon! Comme c'était beau! Mon père entonna aussitôt sa chanson favorite, *Sous les ponts de Paris*, dont il ne savait pas la moitié des mots et qu'il assassinait avec un évident plaisir.

C'était faux, pas très joli, mais c'était aussi le plus beau concert de l'univers.

Un temps assez long se passa avant que l'orage faiblisse, puis finisse par s'éloigner. Nous en vîmes toutes les étapes, tous les caprices, et lorsque ce fut terminé, mouillé jusqu'aux os mais visiblement ravi, mon père me dit avec un grand sourire:

«Jure-moé que t'auras pus jamais peur d'un orage électrique!»

LA PASSION TEDDY

Je l'ai d'abord trouvé bien laid. J'en fus même un peu dégoûté. Mes parents avaient dû se méprendre sur le mot «catin»: c'était une poupée que je voulais, une vraie poupée, un enfant réaliste avec des membres bien formés, des yeux qui s'ouvraient et se fermaient selon qu'on le tenait debout ou couché, un sourire bien dessiné et un nez normal, pas ce… cette chose raide et rude au toucher, avec un museau en laine et des yeux en boutons de bottine qui n'avaient aucune expression!

Ou alors ils ne s'étaient pas trompés du tout, justement: cette horreur était peut-être un compromis (je ne connaissais pas ce mot, mais j'en saisis tout de suite la notion en déballant le cadeau) entre ce que je voulais et ce qu'eux attendaient de moi; après tout, un petit garçon avec une poupée, c'est un peu suspect, non? Alors donnons-lui quelque chose qu'on peut traiter comme une poupée mais qui n'en est pas une... Il n'y verra que du feu et l'honneur sera sauf.

Ma mère, après trente secondes de silence durant lesquelles j'étais resté plus agité qu'enthousiaste devant l'objet qu'elle avait poussé dans mes bras avec une émotion non dissimulée, s'est penchée vers moi en me replaçant le toupet toujours un peu rebelle.

«Ça s'appelle un teddy bear. C'est beau, hein?»

Beau? De la fausse fourrure – de la peluche, plutôt – en deux teintes de brun, une couleur que j'abhorrais déjà, bourrée de quelque chose qui crissait sous la main – «Du sable? Y m'ont donné un vulgaire toutou bourré de sable?» – et aux articulations tellement mal faites qu'on voyait la corde qui rattachait le bras à l'épaule! Alors que j'aimais déjà d'une passion sans mélange le petit enfant que j'attendais et qui, j'en étais convaincu, allait partager mon lit de fer à hauts montants à partir du soir de Noël et pour une période indéfinie, peut-être même pour toute la vie! J'étais condamné à partager mes nuits avec un ours en peluche à l'air imbécile *qui ne fermait jamais les yeux*! Comment dormir à côté de cet affreux jouet de poil raide qui me dévisagerait toute la nuit? J'avais rêvé d'un enfant bien à moi et on m'imposait une bête féroce! On me racontait des histoires horribles au sujet des ours depuis ma plus tendre enfance, et voilà qu'on me demandait maintenant d'en adopter un et de le traiter comme une poupée!

J'ai regardé ma mère droit dans les yeux et je crois bien qu'elle a reçu mon reproche silencieux en plein cœur parce qu'elle s'est aussitôt redressée pour replacer dans l'arbre de Noël une décoration qui n'avait pourtant pas bougé.

J'ai même inventé un gros mensonge pour la culpabiliser, et ça a marché:

«J'y avais préparé un nom depuis longtemps, à ma catin! Véronique. Mais j'pense que j'vas laisser faire, hein? Un ours qui s'appelle Véronique, ça fait pas ben ben sérieux! J'vas être obligé de l'appeler Grognon, ou ben Ti-Brun! As-tu déjà vu ça, toi, une catin qui s'appelle Ti-Brun?"

Elle a accusé le coup en replaçant des glaçons de papier de plomb sur une branche haute, près des trois anges de carton qui remplaçaient chez nous la traditionnelle étoile. C'était bien les Tremblay, ça: des anges à la place d'une étoile et un ours au lieu d'une poupée!

J'ai posé le teddy bear au milieu de l'énorme crèche de Noël qui faisait l'orgueil de la famille depuis des générations – c'est dire à quel point elle était vieille et décatie –, en prenant bien soin d'écraser trois ou quatre moutons que j'avais moi-même passés à la farine, la veille, pour les blanchir bien comme il faut, puis, avec ostentation, je me suis concentré sur mes autres jouets, les vieux, ceux de mon anniversaire, six mois plus tôt, que j'aurais dû abandonner au profit de ma poupée, mais de poupée, n'est-ce pas, il n'y en avait pas! Mon cadeau de Noël, il traînait là, au milieu du village, comme un monstre sanguinaire. Et il profiterait probablement de la noirceur de la nuit pour aller dévorer l'Enfant Jésus!

Ma grand-mère Tremblay n'a fait qu'un court commentaire, mais que j'ai reçu derrière la tête comme une claque bien placée:

«C't'enfant-là est pas normal, certain! L'année prochaine, y va-tu nous demander une robe pour Noël, coudonc? Un petit gars, ça joue avec des meccanos ou ben des trains électriques, y me semble!»

Je crois bien que ce fut le jour de Noël le plus sombre de ma vie. De temps à autre, je jetais un regard furtif en direction de la crèche. Le gros niaiseux en peluche trônait toujours au milieu des maisons de carton, des bergers en papier mâché – que ma grand-mère appelait des «chansons de Provence» – et des moutons écrasés, tristes témoins de ma déception et de ma colère refoulée : un géant de fourrure planté au centre d'un paisible village et qui en faussait les proportions au point de le rendre ridicule.

Mais personne n'y a touché et il est resté là jusqu'au soir.

Mine de rien, juste avant d'aller me coucher, j'ai embrassé toute la famille en serrant contre mon cœur une partie de mon vieux jeu de meccano en métal vert et rouge, pour prouver à ma grand-mère que j'étais quand même un petit garçon. Mais ma grand-mère, qui n'avait jamais été une grande diplomate, a poussé les hauts cris au lieu de se sentir soulagée :

«Vous allez pas laisser c't'enfant-là se coucher avec son meccano, c'est ben que trop dangereux, y peut se crever les yeux, se perforer le dos, se trancher un doigt, se défoncer le fessier !»

Mais devinant mon si peu subtil jeu, ma mère m'a retiré le meccano des mains en me promettant de venir me border dans cinq minutes.

* * *

Ils sont arrivés tous les deux un peu
piteux, elle replaçant ses cheveux qui
n'avaient pourtant pas bougé depuis le
matin, comme elle avait replacé la décoration de l'arbre de Noël, pour se donner une contenance ; lui encore plus
mal à l'aise qu'elle, mains dans le dos et
tête baissée. Je fus très étonné quand ce
fut lui qui prit la parole. D'habitude,
c'était toujours maman qui expliquait les
choses du mieux qu'elle pouvait et avec
une déconcertante sincérité. J'avais
fermé les yeux pour faire semblant que
je dormais, tout en sachant très bien
qu'ils savaient que je ne dormais pas,
mais j'ai quand même sursauté quand
j'ai entendu sa voix à lui.

C'est donc mon père qui m'a fait
aimer mon teddy bear. Avec une simpli-
cité qui m'étonne encore aujourd'hui.

Il a commencé par nous asseoir l'un
en face de l'autre, l'ours en peluche et
moi, il nous a en quelque sorte pré-
sentés l'un à l'autre une seconde fois,
puis il a parlé tout doucement.

Il a d'abord parlé de moi au teddy
bear avec une telle chaleur, me décla-
rant à travers lui un amour d'une telle
force, que j'ai été obligé de m'appuyer
contre la tête de mon lit : pour la

première fois de ma vie, je pouvais entrevoir la place prépondérante que je tenais dans le cœur de mon père, et j'en étais foudroyé. Même si sa vision de moi, en fin de compte, était pas mal idéalisée, parce qu'il décrivit peu l'enfant que j'étais et beaucoup celui qu'il aurait voulu que je sois. Je me suis presque senti indigne de son amour, comme le teddy bear devait se sentir indigne du mien parce qu'il n'était pas la poupée qui pouvait ouvrir les yeux et pisser de la vraie eau, cet enfant idéal dont j'avais rêvé depuis des mois et que je lui reprochais de ne pas être.

Puis papa m'a parlé du teddy bear, de ce que je croyais être laid en lui, son museau en laine, ses articulations apparentes, ses yeux en boutons de bottine, ses griffes de feutre cousues n'importe comment, soulignant le côté comique de tout ça, ce qu'il y avait de touchant, aussi, parce que si on regardait bien, il y avait quelque chose de touchant dans la façon maladroite d'être de cet ourson, dans sa laideur naïve, dans la candeur qu'il dégageait alors qu'il aurait dû représenter un animal sauvage féroce et dangereux. Une poupée ordinaire ne dégage pas ce genre de candeur, on l'aime pour sa ressemblance réaliste et un peu plate avec la vraie vie, mais un ourson en peluche est tellement plus vulnérable, plus «aimable», au fond. Un ourson en peluche s'adresse à l'imagination et tout ce qui s'adresse à l'imagination est plus qu'aimable, admirable.

Au fur et à mesure que papa me parlait, le teddy bear se transformait à mes yeux et, au bout d'un quart d'heure, j'en étais fou.

Mon amour pour lui fut à partir de ce jour d'une violence inouïe, sûrement partagé parce que les yeux de mon teddy bear me le disaient, exclusif parce que personne dans la maison n'osa jamais s'en approcher et définitif parce qu'il ne se démentit pas pendant de longues années.

Et je n'ai plus jamais demandé de poupée.

J'ai beaucoup pleuré quand ma mère dut le mettre à la poubelle, des années plus tard, parce qu'il était devenu méconnaissable, la peluche usée jusqu'à la corde, l'œil gauche depuis longtemps arraché, le ventre troué, un bras à moitié décousu. Je l'aimais toujours autant, mais maman le trouvait vraiment trop miteux et le fit disparaître en espérant que je ne m'en rendrais pas compte.

Je m'en rendis compte et mis des mois à m'en remettre.

LA PREUVE IRRÉFUTABLE
DE L'EXISTENCE DU PÈRE NOËL

«Je l'ai ben connu, moé…

—T'as connu le père Noël!

—Ben certain! On a à peu près le même âge.

—Y est si vieux que ça?»

Mon oncle Josaphat sourit.

«Non. À vrai dire, chus un petit peu plus vieux que lui. À l'école, y était une année en arrière de moé, j'pense… Pis peut-être ben deux…»

Grand soupir de soulagement de ma part. Il me semblait, aussi, que le père Noël n'était pas si vieux que ça… Je suis assis sur ses genoux, ça sent le vieux linge et la pipe rarement récurée, mais j'y suis habitué. J'adore le frère aîné de ma grand-mère Tremblay et il me le rend bien. Chaque fois qu'il vient à la maison, il me donne un beau trente sous neuf que je garde pour mes crises de sucré chez Marie-Sylvia, où le présentoir de jujubes, de lunes de miel, d'outils en chocolat et autres cochonneries s'avère irrésistible depuis deux générations pour les enfants de la rue Fabre.

«Ça fait-tu longtemps que tu l'as vu, mon oncle?

—J'comprends que ça fait longtemps! Y commençait juste sa carrière de distributeur de bebelles, dans ce temps-là! Mais j'ai toujours son numéro de téléphone, par exemple. En tout cas, si y a gardé le même…»

Je me redresse d'un coup.

«T'as le numéro de téléphone du père Noël!

—J'te l'avais jamais dit?

—Non, tu m'avais jamais dit ça!

—C'est parce que j'y pensais pas… J'avais oublié ça, là, moé, depuis le temps… Pis je pensais surtout pas que ça pourrait t'intéresser… T'as même pas le droit de te servir du téléphone, y me semble, parce que t'es trop petit…»

En moins de trois secondes, je suis pendu au fil du téléphone qu'on a pourtant fait installer trop haut sur le mur du corridor, hors d'atteinte des enfants. Mais la chaise de maman est encore installée dessous parce qu'elle vient de parler pendant une bonne demi-heure avec ma tante Marguerite, la plus jeune sœur de mon père, qu'elle adore.

«J'veux y parler! J'veux y parler!

—À qui, donc?

—Mon oncle Josaphat! Au père Noël, c't'affaire!»

Mon oncle Josaphat fait un clin d'œil à ma tante Robertine qui rafistole sur la table de la salle à manger les boîtes de décorations de Noël qui ont pris l'eau dans le hangar, derrière la maison, pendant les pluies d'automne. Le toit a coulé dessus et les dommages sont importants. Surtout pour les décorations en tissu dont les couleurs se sont affadies: les rouges sont devenus roses et les verts ont l'air malades. Elle essore, elle essuie, elle frotte, elle tamponne en sacrant. Les boules de métal ont perdu leur glacis, les cannes en bois leur peinture, les cheveux d'ange se sont effilochés et ont grisonné comme des couettes de vieilles femmes, enfin, bref, rien ne va plus.

«C'est pas un arbre de Noël qu'on va avoir, cette année, c'est un fond de hangar mouillé! Je l'avais dit, aussi, que c'était pas une bonne idée de mettre les bebelles d'arbre de Noël là! Mais non. On m'écoute-tu, icitte, moé? Pantoute! Chus là juste pour faire à manger, servir, pis nettoyer!»

Maman, perdue dans ses pensées parce qu'elle ne veut pas avoir à répondre à sa belle-sœur, brise la pâte qui va servir à fabriquer les tourtières. On l'entend qui murmure *Le Temps des cerises*, sa chanson favorite, et on sait qu'elle est quelque part en Saskatchewan, au milieu des champs de blé ou de blé d'Inde. La plaine sans fin s'étend partout autour d'elle et il n'y a pas une seule maison à des milles à la ronde. Pour qui croit-elle préparer ses tourtières?

Ma tante Robertine hausse les épaules pour bien montrer son mépris pour ces niaiseries de père Noël et de téléphone alors que des choses beaucoup plus graves se passent, mais elle ne peut retenir un sourire, vite réprimé cependant, quand, dans ma grande naïveté, je demande à mon oncle:

«C'est-tu le même numéro que pour le ciel? J'ai appelé, une fois, pis ça répondait pas… C'est Bernard qui me l'avait donné, mais y est souvent mêlé dans ses numéros de téléphone… Pis y est ben capable de m'avoir joué un tour…»

Mon oncle Josaphat me prend dans ses bras, s'assoit dans la chaise de maman, décroche le téléphone.

«Non, c'est pas le même. Pour appeler au ciel, faut passer par la téléphoniste, mais pour parler au père Noël, avec mon numéro, c'est direct. Tu vas voir c'que tu vas voir, mon p'tit gars…»

Il décroche le récepteur et commence à composer un numéro sur le cadran.

«Tu le connais par cœur?

—Je l'ai jamais oublié. Chus pas comme ton frère Bernard, moé! Mais lève-toi debout sur mes genoux, Michel, sans ça ta bouche se rendra pas jusqu'au cornet pis le père Noël pourra pas t'entendre. Pis fais attention où tu mets les pieds. La dernière fois, mon oncle a eu les larmes aux yeux pendant des heures de temps parce que t'étais allé patauger dans une région pas mal sensible avec tes petits pieds gigoteux…»

Mon cœur bat trop vite dans ma poitrine. Je n'avais d'abord pas vraiment cru que mon vieil oncle, pourtant sorcier, c'est vrai, réussirait à rejoindre le père Noël, mais maintenant que je le vois composer le numéro, je sens tous mes moyens me quitter: j'ai les jambes molles, je voudrais me rasseoir et j'ai peur de faire pipi dans ma culotte. D'énervement. Ce qui donnerait raison à grand-maman qui dit toujours de moi que je suis un grand nerveux et que ça risque de me poser des problèmes, plus tard:

«J'ai jamais vu un enfant autant pisser de toute ma vie, moé! J'en ai pourtant élevé six! Ben, en les mettant ensemble, y ont pas pissé dans toute leur enfance tout ce que c't'enfant-là a pissé pendant les cinq premières années de sa vie! Faut dire que sa mère est à moitié indienne... Peut-être qu'y viennent des chutes Niagara!»

En plus, je suis très près d'éclater en sanglots tellement mon émotion est forte. Je vais quand même pas brailler comme un veau en parlant au père Noël!

Ma tante Robertine s'en aperçoit, repousse l'ange de carton qu'elle était en train d'essayer de sauver de la noyade et se lève de sa chaise pour s'approcher de nous.

«Arrêtez donc, mon oncle, vous allez le rendre malade, encore, avec vos histoires de fou! Y est trop sensible, c't'enfant-là, y est nerveux sans bon sens pis un rien y fait perdre la boussole!»

Je fronce les sourcils.

«Quelle histoire de fou? C'est pas une histoire de fou! Hein, mon oncle Josaphat, que c'est pas une histoire de fou?»

Mon oncle Josaphat me fait signe de me taire en s'écriant: «Allô? Allô? Allô?» dans le combiné du téléphone.

Ma tante Robertine passe ses bras autour de ma poitrine pour me soutenir.

«J'devrais avartir Nana...»

Il lui donne une tape sur la main, puis:

«Est-ce que monsieur Noël est là, s'il vous plaît?»

Monsieur Noël? C'est la bonne place! C'est le bon numéro!

On entend une voix, très loin, flûtée et joyeuse.

Je ferme les yeux. Je vais sûrement défaillir avant de pouvoir parler au père Noël.

«Ça y est, c'est un des lutins qui a répond, Michel! Y est parti le chercher...»

Puis, toujours dans le téléphone:

«Non, non, non, pas Clovis Noël, j'veux rien savoir de lui, lui...»

Il place sa main sur le combiné avant de continuer:

«Y veulent me passer son frère... C'est pas au frère du père Noël qu'on veut parler, hein?»

J'ai ouvert de grands yeux incrédules:

«Le père Noël a un frère?»

Josaphat crie maintenant à tue-tête:

«J'veux parler à Claus Noël! Santa Claus Noël! Oui, c'est ça, le père Noël lui-même en parsonne, pis parsonne d'autre! J'aime ben son frère Clovis, mais aux dernières nouvelles, c'était pas lui qui distribuait les cadeaux à Noël, hein...»

Il se penche de nouveau vers moi:

«Y s'en vient. J'pense qu'y était aux closettes... Pis quand y est aux closettes, c'est son frère Clovis qui répond à sa place pour prendre les commandes. Mais y est au courant de rien pis y dit n'importe quoi… Faut jamais croire ce que Clovis Noël nous dit. Faut toujours être sûr qu'on parle ben à Santa Claus Noël lui-même, sinon on peut se retrouver le matin de Noël avec les mauvaises bebelles!»

Ma tante Robertine donne une tape sur la tête de son oncle.

«Allô, Santa? Comment ça va, vieux verrat! C'est Josaphat-le-violon, icitte… Eh oui, ça fait vraiment un bout de chandelle, hein? Certainement, que chus toujours violoneux! M'as dire comme on dit: "Violoneux un jour, violoneux tout le tour…" J'ai l'archet moins frétillant qu'avant, mais ça s'endure, les femmes s'en tannent pas. Pis toé? Toujours aussi gros? Pis les tartes à' farlouche de ta femme sont toujours aussi bonnes? Comment c'qu'a' va, elle? Toujours en maudit de te voir partir tu'es ans la veille de Noël? Aïe, écoute, j'peux pas te parler trop longtemps, tu comprends, c'est un longue distance, pis ça coûte cher sans bon sens, pis je sais que t'es ben occupé entre deux visites aux closettes, mais y a quelqu'un à côté de moé qui aimerait ça te dire quequ'mots, pis y a tellement hâte qu'y est blanc comme un linge… O. K., salut, là, pis dis bonjour à Noëlla! Si la poste était plus fiable j'y dirais de m'envoyer quequ'tartes à' farlouche, mais y risquent d'arriver en compote! Pis je digère pas la compote de tarte…»

Ma tante Robertine pouffe de rire, je ne comprends vraiment pas pourquoi. Comment peut-elle rire alors que je m'apprête à parler au père Noël!

«Mon oncle Josaphat, franchement! Noëlla! Vous auriez pu y trouver un autre nom, non?

—Ben quoi! Noëlla Noël, t'aimes pas ça?»

Un bon sourire illumine son regard, ses rides se plissent et ma tante Robertine hausse les épaules. Il me tend le combiné du téléphone. J'ai envie de me sauver à toutes jambes.

«J'veux pus y parler!

—Michel, c'est un longue distance, ça, là! Fais-nous pas dépenser tout c't'argent-là pour rien!»

Je prends le récepteur, approche ma bouche du cornet.

«Aaaaallô?»

Une voix joyeuse et toute ronde explose au bout du fil, pleine de ho-ho-ho et de ha-ha-ha, tellement gentille que je me dégèle aussitôt pour attaquer le vif du sujet:

«Êtes-vous après préparer les bebelles de Noël, père Noël? Parce que c'est dans deux jours, là…»

Le père Noël rit beaucoup, vraiment beaucoup, et je fronce un peu les sourcils : ce rire un peu niaiseux ne m'est pas tout à fait inconnu, on dirait...

«Vous êtes pas après boire de la bière, là, toujours? Vous risez comme quand mes mononcles boivent trop!

—Pantoute! Chus sobre comme Job avant qu'y parde sa job. Coudonc, c'tait-tu Job qui était sobre? En tout cas, chus sobre comme celui qui était sobre dans la Bible! Pis je travaille comme un démon.

—C'est quoi, le bruit qu'on entend, en arrière?

—Ça? C'est mes lutins du père Noël qui se font aller le troufignon! Pis j'te dis que les bebelles vont être belles rare, c't'année!»

J'oublie du coup le ton familier de cette voix.

«C'est quoi? C'est quoi? C'est quoi?»

Il rit de plus belle.

«T'es t'exigeant, toé, câline! Chus pas supposé de dire aux enfants que c'est que je vas leur z'apporter!»

J'ai tourné la tête vers ma tante Robertine.

«Le père Noël, y dit câline, comme mon oncle Bebé! C'est pas beau, hein?»

On dirait qu'elle veut rire, mais qu'elle se retient, encore une fois...

«Ma matante fait dire de pas dire câline, père Noël, c'est pas beau!»

Le silence se fait au bout de la ligne. J'entends un son étouffé, comme quelqu'un qui cache son rire dans son poing.

«Êtes-vous toujours là? C'est un longue distance, ça, là, ça nous coûte cher!»

Le père Noël finit par me répondre, mais sa voix a changé et me paraît encore plus familière.

«Noëlla vient justement de me dire la même chose. Excuse-moé, Michel. J'dirai pus jamais câline devant toé...

—Vous savez mon nom?

—Euh... J't'ai reconnu... En fait, je l'ai deviné. Quand j'ai entendu la voix de ton oncle Josaphat, j'me sus dit à moé: y doit m'appeler pour que je parle à Michel...

—Mon train électrique, c'est-tu un Lionel?

—Essaye pas de me faire parler, là, toé! J'ai dit que j'avais pas le droit de rien dire! Tout ce que je peux te dire, c'est que tu seras pas désappointé! Pas du tout! Pantoute! Loin de là! Quand tu vas voir c'que je t'ai apporté, tu vas ouvrir les yeux tellement grand qu'y vont tomber sur le tapis, câline! Euh, excuse-moé pour le câline...»

Je souris, pâmé de bonheur. Maman dirait: navré de bonheur…

«Allez-vous manger la tarte aux pommes de moman, comme l'année passée?

— J'comprends donc! Tu peux même y dire qu'a' peut laisser une pointe de tourtière, si a' veut! Noëlla est assez jalouse depuis que j'y ai dit que les tartes aux pommes pis les tourtières de Nana Tremblay sont meilleures que les siennes! Ces tartes-là ont failli me coûter un divorce, mon petit gars! Vois-tu ça, toé, un père Noël divorcé? À cause des tartes de ta mère?»

Je suis si impressionné, si heureux que je ne trouve rien à répondre.

«Bon, ben, donne-moé des beaux becs, là, mon beau Michel, pis passe-moé mon vieux chum Josaphat, l'assassin du violon…»

Je couvre littéralement le combiné de baisers mouillés et le tend à mon oncle qui l'essuie avec sa manche de veste avant de le prendre.

Ma tante me prend dans ses bras et m'emmène dans la cuisine où maman vient justement de demander ce qui se passait.

«Michel a parlé au père Noël, Nana.»

Maman fronce les sourcils.

«Le père Noël?»

Ma tante lui dit avec un air entendu :

« Ouan, le vrai, celui qui se tient à la taverne Normand pis qui dit câline à tout bout de champ... »

Maman sourit, acquiesce, puis retourne à sa pâte qu'elle est en train d'étaler dans le fond des assiettes de métal.

Ce soir-là, lorsqu'elle me met au lit, je retiens maman par le bord de sa robe.

« Vous me prenez vraiment pour un niaiseux, hein ? La taverne Normand, c'est pas pantoute au pôle Nord ! »

.

NOUVELLE PREUVE IRRÉFUTABLE
DE L'EXISTENCE DU PÈRE NOËL

Les femmes de la maison, allez savoir pourquoi, ne boulangeaient jamais et n'acceptaient qu'une seule fois par année de faire de la pâtisserie. Les tartes aux pommes ou à la farlouche, les tourtières et les beignes étaient donc réservés pour le temps des fêtes, alors que nous mangions du gâteau à l'année. C'est dire à quel point ces denrées rares étaient appréciées par toute la maisonnée quand arrivait le temps des fêtes!

Quelques jours avant Noël, la cuisine se remplissait de bruit et de poussière de farine, les femmes s'agitaient autour de la grande table centrale où s'entassaient le shortening, le beurre, le gros sac de cinq livres de farine Brodie XXX, la poudre à pâte, le cornstarch, le lait; ma mère brisait la pâte, ma tante Robertine s'armait du rouleau et grand-mère Tremblay préparait les bases, pur porc pour les tourtières, pure pomme pour les tartes. Ça chantait, ça contait des histoires pas toujours propres, ça médisait, ça se permettait quelques calomnies bien senties et, invariablement, chaque année, on aurait presque pu dire à quelle heure la chicane pognait quand venait le temps de décider si oui ou non on ajouterait de la cannelle au mélange de tarte aux pommes.

Ma grand-mère Rathier, la mère de maman, adorait la cannelle et en mettait trop dans ses propres tartes, ce qui fait que ma mère avait pris l'habitude, au début de son mariage, d'en ajouter aux siennes. Mais voilà, le problème était qu'elle était la seule à aimer ça. Tout le monde dans la maison, y compris moi, détestait la cannelle.

Cela se déroulait toujours de la même façon.

Maman commençait par sortir le flacon contenant la poudre de cannelle, qu'elle posait bien en vue au centre de la table. Ma tante Robertine réagissait aussitôt. Elle relevait la mèche de cheveux qui lui barrait le front après avoir déposé son rouleau à pâte.

«Nana, vous allez pas recommencer avec ça!»

Sa mère se tournait alors vers les deux autres femmes tout en continuant à touiller le brouet qui mijotait dans sa marmite.

«Pas encore sa maudite cannelle! Nana, tu vas être obligée de m'arracher le bras pour que j'ajoute ça dans ma tarte! Ça vient des États-Unis, ça, y appellent ça de la cinnamoune, eux autres, pis nous autres, dans Charlevoix, on en a jamais mis nulle part, même pas dans les buns à la cannelle!

—Vous êtes à Montréal, madame Tremblay, vous êtes pus dans le fin fond de la campagne, là!

—C'est pas parce que chus à Montréal que chus obligée de mettre de la cannelle dans mes tartes, voyons donc!

—C'est bon pour la santé!

—C'est pas vrai! T'inventerais n'importe quoi pour qu'on fasse à ta tête!

—Y a ben des pauvres qui seraient ben contents d'en avoir!

—Du foie de veau aussi, pis tu m'en feras jamais manger! J'arais dû jeter c'te bouteille-là, aussi, l'année passée…

—Que je vous voie jeter ma bouteille de cannelle, vous!»

Le ton montait, les paroles se faisaient plus dures et ma mère, épuisée, finissait toujours par faire la même concession: elles fabriqueraient deux tartes aux pommes avec de la cannelle qu'elle réserverait pour son usage personnel.

Elles le savaient pourtant toutes les trois que la discussion finirait de cette façon, elles la revivaient chaque année, alors pourquoi se donner tant de peine pour en arriver encore une fois à la même conclusion? Autre mystère des femmes de ma famille.

Ce jour-là, cependant, peut-être parce qu'elle vieillissait, ma grand-mère ne voulait pas en démordre et elle jurait par tous les saints du ciel et tous les démons de l'enfer qu'il faudrait qu'on lui passe sur le corps avant qu'elle accepte de se servir de la cannelle, même pour les tartes auxquelles elle ne goûterait pas. Parce que non seulement ça goûtait trop fort, mais, en plus, ça sentait trop!

«Tu fais cuire une seule tarte avec de la cannelle dedans, pis ça sent tellement fort que tout le monde pense qu'y a de la cannelle dans toutes les tartes! C'est trop envahissant, la cannelle, un point c'est tout! Le poulet d'à soir va sentir la cannelle! Le thé va sentir la cannelle! L'eau de vaisselle va sentir la cannelle! Les bécosses vont sentir la cannelle! Les vidanges vont sentir la cannelle!»

Ma tante et ma mère s'étaient arrêtées de discuter et la regardaient, étonnées. Le moment où la trêve aurait dû être signée et les deux tartes à la cannelle mises au four était depuis longtemps passé que grand-mère s'entêtait toujours, butée, les sourcils froncés, les mains posées sur les hanches comme les soubrettes d'opérette, image parfaite de la femme insultée qui ne se laissera pas faire.

Comme souvent quand les discussions ne prenaient pas l'allure qu'elle voulait, ma mère me prit en otage ou, plutôt, comme excuse pour en hâter le dénouement. À bout d'arguments, affolée à l'idée de se passer de tartes aux pommes à la cannelle pour cette année, elle me prit dans ses bras, m'éleva au-dessus de la table et cria :

« L'année passée, le père Noël m'avait demandé d'y laisser une portion de tarte aux pommes au lieu d'une pointe de tourtière ! Pis le père Noël est Américain ! Si y a pas de cannelle dans sa portion de tarte, y va peut-être être ben désappointé ! Y va trouver que ça goûte rien, comme quand maman vient ici, pis qu'a' dit que nos tartes goûtent pas assez… Vous voulez désappointer le père Noël ? Hein ? C'est ça que vous voulez ? »

Elles savaient très bien toutes les trois que je ferais une crise terrible si j'apprenais qu'on avait laissé au père Noël un morceau de tarte qu'il risquait de ne pas aimer, aussi le silence tomba-t-il d'un seul coup dans la cuisine, comme une mauvaise odeur qui impose le silence.

Ma grand-mère fusilla ma mère du regard en frappant la table du plat de la main.

Un deuxième nuage de farine, plus épais, plus dense, se mélangea au premier.

Trois silhouettes poudrées de blanc s'affrontaient dans la cuisine où on ne voyait presque plus rien.

«Tu gagnes encore, Nana! Ça va encore sentir la cannelle pendant des semaines dans la glacière! Nos cheveux vont sentir la cannelle! Nos robes neuves vont sentir la cannelle! Le prélart de la cuisine va sentir la cannelle…»

C'était reparti.

Grand-maman ajouta une pincée de l'épice qu'elle détestait tant à deux des douze abaisses de tarte qu'elle avait étalées un peu partout dans la pièce.

«Veux-tu que j'en ajoute dans les tourtières, aussi, tant qu'à y être? Ça va être original, on va avoir le dessert pis le plat principal dans la même assiettée!

—Les Américains, y en mettent dans leurs tourtières, vous savez…

—C'est pas dans leurs tourtières qu'y en mettent, c'est dans les *mince meat pies,* pis on sait même pas avec quoi c'est faite! C'est pas parce que les Américains savent pas faire à manger qu'on est obligés de faire pareil!

—Ma mère est Américaine pis a' fait du ben bon manger, vous saurez!

—Ta mère est pas Américaine pantoute! A' vient du fin fond de la Saskatchewan, pis la Saskatchewan c'est au Canada! Mais 'est peut-être restée assez longtemps aux États-Unis pour désapprendre à faire à manger, par exemple, ça, ça se peut très bien, parce que quand j'vas manger là, moé…»

Mon frère Jacques arriva sur les entrefaites et mit fin à leur discussion en faisant diversion sans le savoir:

«J'ai trouvé ta réponse, Michel!»

*   *   *

La veille, alors qu'on me racontait pour la centième fois que le père Noël passait par la cheminée pour venir déposer les cadeaux sous l'arbre décoré et illuminé avant de manger ce qu'on lui avait laissé sur la table, je m'étais un peu gratté la tête puis j'avais demandé avec une fausse naïveté, parce que ça me chicotait depuis un bout de temps:

«Y en a pas de cheminée, ici, on chauffe au charbon… y a même pas de foyer. Pis les tuyaux se promènent en dessous du plafond dans toute la maison pour apporter de la chaleur partout, y pourrait se perdre… Par où c'est qu'y passe, donc, le père Noël, pour venir porter les jouets?»

À l'épaisseur du silence qui était alors tombé dans la salle à manger, j'ai compris que je venais de soulever là une importante question: on aurait pu le couper en portions et en laisser une au père Noël.

Quelques personnes présentes avaient balbutié des débuts d'explications, toutes plus farfelues les unes que les autres et qui n'allaient jamais très loin, et c'est Jacques, en fin de compte, comme c'était souvent le cas, qui avait mis fin au malaise en disant qu'il se renseignerait, le lendemain, qu'il fouillerait dans des livres, qu'il poserait des questions au collège Sainte-Marie, où il achevait ses études classiques, pour trouver la réponse, qu'il la trouverait sûrement…

J'aurais dû être rassuré. En effet, où pouvait-on trouver une solution à tout sinon dans un collège classique? Mais, comme tous les enfants, j'aurais voulu l'avoir tout de suite, cette réponse, ne pas avoir à attendre au lendemain.

«Vous le savez pas? Y rentre ici chaque année pis vous savez pas par où y passe? Si jamais y s'échappe devant un voleur, tout ce qu'on a va disparaître pis on saura jamais par où ça s'est passé!»

Maman avait réussi à me calmer en disant que, de toute façon, on n'avait rien à voler. Et que même si on avait une cheminée, les voleurs n'entreraient jamais par là, parce que c'était trop salissant et surtout trop étroit.

«Le père Noël, lui, comment ça se fait qu'y se salit pas?

—Y a vraiment pas de fin à tes questions, toi, hein? Je le sais-tu, moi? Y doit avoir une habit magique qui se salit pas quand y se traîne dans la suie! Peut-être que la Fée des Étoiles le suit partout pis qu'a' y nettoye son habit dans chaque maison...

—Pour sortir aussi, faut qu'y repasse dans la suie!

—A' le nettoye sur le toit, c'est toute!

—Si la Fée des Étoiles le suit, pourquoi on y laisse pas une pointe de tourtière à elle aussi?

—A' RESTE DEHORS PIS A'L' L'ATTEND! Michel, si tu poses encore une seule question, j'me garroche à terre pis je fesse sur le plancher à grands coups de poing en pleurant! Y a toujours ben des émittes!»

Avant de sortir de la chambre, cependant, elle s'était tournée dans ma direction.

«La Fée des Étoiles, a'l' a été au régime toute sa vie pour rester mince. C'est pour ça qu'a' mange pas de tartes. Ni de tourtières. La pauvre femme.»

* * *

Jacques se pencha donc sur moi au milieu du charivari qui s'était déclaré dans la cuisine autour d'un sujet aussi vital et essentiel que la présence de la cannelle dans la tarte aux pommes, me prit dans ses bras et me transporta dans la salle à manger. Il s'installa dans la chaise berçante de grand-maman, m'assit sur ses genoux.

Les trois femmes, aussi curieuses que moi, s'étaient entassées dans l'encadrement de la porte. Elles devaient avoir hâte de voir ce que Jacques avait pu inventer pour tempérer mon inquiétude.

«J'ai trouvé ça après-midi dans la biographie du père Noël publiée en France, l'année passée... Imagine-toi donc que pour les maisons de ville comme ici où y a pas de cheminée pour qu'y se glisse jusque dans le salon, le père Noël aurait en sa possession... tiens-toi ben, mon p'tit gars... *Y aurait en sa possession une brique magique qui le fait rapetisser pis grandir comme y veut!*

—Une brique magique! Une brique, là? Une brique ordinaire?

—Oui, mais magique…

—Comment ça marche?

—J'peux pas te le dire, comment ça marche, tu comprends, c'est de la magie, ça doit être un secret bien gardé, mais j'peux te dire comment y s'en sert, par exemple… Le biographe dit que…

—C'est quoi, ça, un bilographe?

—C'est un monsieur qui écrit la vie de quelqu'un d'autre après sa mort.

—LE PÈRE NOËL EST MORT?

—Non, non, non, aie pas peur, y est pas mort, mais y ont déjà publié sa biographie parce que le monde la demandait… Y ont pas attendu qu'y soit mort, lui…

—Tu vas-tu me le montrer, le livre?»

Jacques fronça les sourcils, lança un drôle de regard vers maman qui vint aussitôt à sa rescousse.

«Tu sais pas encore lire, hein, Michel?

—Tu le sais ben, moman, je rentre à l'école juste l'année prochaine…»

Mon frère enchaîna aussitôt:

«Ah oui, c'est vrai. Ben, je peux te l'apporter tu-suite demain, si tu veux… Tu pourras le consulter…

—Vas-tu me le lire?

—Ben… Euh… Pas toute, y a des bouts ben plates… Mais j't'en lirai un chapitre ou deux, si tu veux... Mais tu l'aimeras pas beaucoup, ce livre-là, Michel, parce qu'y a pas d'images dedans...

—Ah ben, si y a pas d'images, laisse faire... Tu me le conteras, plutôt...

—C'est ça... En tout cas... Y paraît que...»

Il semblait un peu perdu dans ses explications et maman se crut obligée encore une fois de venir à son aide:

«Qu'est-ce qui arrive quand y descend sur notre toit, Jacques?

—Ah oui... J'tais tout mêlé, là moi...»

Il prit cet air de conspirateur qu'il adoptait quand il voulait que je croie ce qu'il allait me raconter:

«Prenons ici, par exemple... Quand y arrive sur le balcon, parce que c'est pas par le toit qu'y arrive, en fin de compte, c'est par le balcon d'en avant, tu vas comprendre pourquoi... Donc, quand y arrive sur le balcon, y dépose sa grosse poche de cadeaux, y prend sa brique magique...

—C'est-tu la Fée des Étoiles qui la transporte?

—La Fée des Étoiles? La Fée des Étoiles voyage pas pantoute avec lui, voyons donc, où est-ce que t'es allé pêcher ça? Quand la nuit de Noël arrive, a' rentre chez elle dans le royaume des Fées, pis a' va se reposer jusqu'à l'année suivante parce qu'elle a pus rien à faire, du moins y me semble…»

Je lançai un regard interrogateur à ma mère qui se contenta de baisser les yeux.

Quelqu'un me mentait! Je ne savais pas lequel des deux, mais quelqu'un me mentait!

«Pis arrête de m'interrompre avec tes questions! Veux-tu le savoir comment a' marche, la maudite brique?

—Ben oui…

—Ben ferme-toi. Où est-ce que j'en étais, là, chus tout perdu, encore…

—Y était rendu sur le balcon…

—Ah oui… Y paraît qu'y a juste à donner trois grands coups avec sa brique contre la porte, là, pis… y vient p'tit, p'tit, p'tit… pis sa poche de cadeaux aussi. Là, y passe en dessous de la porte, y donne trois autres coups avec sa brique…

—A'l' a rapetissé, elle aussi?

—Ben oui, sinon y serait mort écrasé en dessous! Donc, y redonne trois p'tits coups…

—C'tait des grands, tout à l'heure…

—Hein? Ah oui… Pour rapetisser, c'est des grands coups, pis pour grandir, des petits… T'es content, là? Donc, y grandit, sa poche de cadeaux aussi, pis y peut distribuer les bebelles comme y veut... Quand y a fini, y s'installe à la table de la salle à manger pour manger sa pointe de tourtière...

—Ça va être de la tarte, c't'année...

—Ah oui? C'est nouveau, ça...

—Avec de la cannelle...

—Ouache! Pauvre lui! Lui qui travaille si fort, y va être désappointé!

—Ben non, y paraît qu'y est Américain.»

Maman m'interrompit d'une seule petite phrase.

«Ça va faire, le comique, là!»

Je sautai des genoux de mon frère, satisfait de l'explication.

«Attendez que je raconte ça à mes amis de la rue Fabre! Le père Noël qui rapetisse pis grandit à volonté! Pis y fait la même chose pour sortir de la maison?

—Ben oui! C'est simple, hein?»

Ma mère, les larmes aux yeux, intervint pour la dernière fois.

«C'est simple, Jacques, pis c'est ben pensé. Merci beaucoup.»

Hélas, je n'en avais pas fini avec mes questions.

«Mais la tarte aux pommes, là... A' rapetisse avec lui?

—Qu'est-ce que tu veux dire?

—Ben... y vient de l'envaler...

—Ah oui… tout ce qui est en dedans de lui grandit et rapetisse avec lui…

—Comme ça, si y allait aux toilettes pendant qu'y est petit, y ferait un p'tit, p'tit, p'tit caca de souris?»

Ma mère m'empoigna aussitôt par le collet.

«Bon, ben, si on commence sur ce sujet-là, ça va mal finir… Viens dans' cuisine, Michel, maman va te préparer un petit bonhomme en beigne… avec de la cannelle pour te nettoyer la bouche…»

Mais je n'en avais pas fini avec elle non plus.

«Maman… La Fée des Étoiles, là, a' voyage-tu avec le père Noël ou ben si tu disais n'importe quoi, hier, pour te débarrasser de moi?»

*   *   *

Tout alla bien pendant la nuit de Noël: comme j'avais nettoyé le pas de la porte d'entrée de l'appartement, à l'intérieur et à l'extérieur, le père Noël put entrer et sortir sans se salir. Il eut sa portion de tarte aux pommes comme il l'avait demandé, maman prétendit même qu'il lui avait laissé un petit billet la remerciant pour la cannelle qu'il *adorait*, mais personne ne fut dupe de son histoire, pas même moi qui étais pourtant prêt à tout croire ce qu'on me racontait au sujet du père Noël, pourvu qu'il y ait des cadeaux au bout. Justement, ceux-ci étaient magnifiques – imaginez, de nouveaux accessoires pour mon train électrique Lionel –, ceux des autres, sans trop m'intéresser, ne semblaient pas si mal, du moins d'après ce que j'en avais vu lorsqu'ils les avaient déballés, la neige tombait comme elle devrait toujours tomber à Noël, ça sentait déjà la dinde à onze heures du matin et maman avait entamé sa boîte de chocolats Lowney's avec des petits cris gourmands et des grognements de satisfaction sous l'œil envieux du reste de la maisonnée.

Une journée jusque-là parfaite.

Mais à l'heure du lunch – les femmes étaient réunies autour du poste de radio où on déversait, pour remplacer *Jeunesse dorée*, un concert de Luis Mariano qu'elles adoraient toutes les trois mais dont j'allais les écœurer très bientôt, je raconterai comment plus loin –, mon frère Bernard, le boute-en-train de la famille, le comique, le joueur de tours, surgit dans le salon, tout essoufflé. Il n'avait même pas enlevé ses bottes dans le vestibule et il faisait de grandes flaques de sloche sur le plancher de la salle à manger.

«Vous savez pas ce qui est arrivé!»

Ma mère lui fit aussitôt signe de se taire.

«Tu nous conteras ça plus tard, Bernard. Luis Mariano est en train de chanter *Mexico*. Pis j'espère que tu sais que c'est toi qui vas nettoyer tout ça, ces taches de slotche là, hein?

—Ben, attendez de voir ce qui est arrivé, pis je vous dis que *Mexico* va prendre le large ça sera pas long!»

Tout de même piquée par la curiosité, ma grand-mère baissa un peu le son de son vieil appareil Victrola.

«Laisse-lé donc parler, Nana. Parsonne est mort, cher, j'espère?

—Ben non, grand-moman, mais r'gardez ben ça...»

Il se tourna alors vers moi et sortit de derrière son dos une énorme brique rouge, toute neuve, mais un peu tachée de neige sale.

«Imaginez-vous donc que le père Noël a oublié sa brique magique sur notre balcon, en partant, cette nuit!»

Les trois femmes se mirent aussitôt à protester, le son de la radio fut relevé, ma mère le pointa du doigt.

«T'aurais pu attendre à midi et quart pour faire tes niaiseries, Bernard! Tu nous as faite manquer la fin de *Mexico*, pis le début d'*Acapulco* avec tes farces plates! Espèce de grand insignifiant de sans-dessein!»

Pour ma part, j'étais sidéré. Le père Noël avait oublié sa brique magique sur notre balcon! Je me mis à hurler comme un enfant qu'on martyrise:

«Mais comment y a faite pour entrer dans les autres maisons! Y était pus capable de rapetisser, pis les voisins ont pas plus de cheminées que nous autres!»

Bernard n'avait sûrement pas pensé à cet aspect de sa plaisanterie, qu'il avait crue bien préparée et fort drôle, parce qu'il déglutit en faisant des yeux ronds, sans trouver quoi que ce soit à répondre.

«Ben, euh… J'avais pas pensé à ça, là… Les voisins… Les voisins… Laisse-lé faire, les voisins!»

Maman se tourna vers lui, un vague sourire aux lèvres.

«Arrange-toi avec tes troubles. T'as voulu faire ton comique…»

Je pleurais maintenant à chaudes larmes. Elle quitta à contrecœur le poste de radio pour venir me moucher.

«Écoute pas ce qu'y dit, Michel, y dit n'importe quoi…

— Ben oui, mais mes amis ont peut-être pas eu de cadeaux!

— Ben oui, y en ont eu, ben oui… Le père Noël avait peut-être une brique de *spare*…

—Une brique de quoi?

—J'voulais dire une deuxième brique. Une brique au cas où y perdrait la première…

—Y en a deux!?

—Je le sais pas si y en a deux, Michel, j'essaye juste de t'arrêter de brailler! Aide-moi un peu!»

En passant près de lui, elle mit une claque bien sentie derrière la tête de mon frère.

«Tu t'arranges tu-seul! Moi, j't'aide pas!»

Mais Bernard avait plus d'un tour dans son sac. Passant par-dessus les tourments qu'il aurait dû m'infliger avant d'en arriver à sa conclusion si bien planifiée – me torturer, par exemple, en me racontant la peine que le père Noël avait eue en s'apercevant qu'il n'avait plus sa brique magique et, surtout, *en se rendant compte qu'il ne savait pas où il l'avait perdue!* –, il décida d'aller au plus pressé pour embêter maman et, surtout, m'arrêter de pleurer. Il prit la brique, la déposa sur la table de la salle à manger et dit très fort pour que tout le monde l'entende bien:

«Ça fait que j'avais pensé qu'on pourrait y renvoyer par la poste!»

Ma mère se redressa aussitôt, tremblante de fureur.

«Bernard! T'as pas envie de me faire adresser une brique au père Noël après-midi, toi!»

Il était au comble de la joie. Il nous avait piégés tous les deux d'un seul coup, maman et moi. Il savait que je serais ravi de son idée et imaginait déjà maman en train d'emballer une brique pour la poster au pôle Nord.

Moi, je tapais déjà des mains en sautillant.

«Le père Noël va ravoir sa brique! Le père Noël va ravoir sa brique! Hé, qu'y va être content! Hein, moman, y va être content?»

Ma mère prit Bernard par le gras du cou et l'entraîna vers l'avant de la maison.

«Non seulement le père Noël recevra pas sa brique magique par la poste, mais tu vas te passer de dîner pis tu ressortiras pas de ta chambre tant que je te le dirai pas!

—Michel va brailler tant qu'on le fera pas…

—Du chantage, en plus! T'oses faire chanter ta propre mère! Comme dans les mauvais romans français! T'as pas de cœur, Bernard Tremblay?»

Mon frère ricanait comme lorsqu'il sentait qu'il était allé trop loin et qu'il ne savait plus comment réparer sa gaffe.

Maman le savait très bien et elle avait l'intention de le laisser mijoter dans son malaise pendant quelques heures avant de revenir avec sa propre solution au problème.

Mais cette fois, il n'y avait pas de solution.

Elle eut beau me dire que cette brique n'était pas la bonne, que Bernard m'avait raconté n'importe quoi, comme d'habitude, et que j'étais tombé dans le piège, comme d'habitude, je ne voulais rien entendre, je hurlais, je donnais des coups de pied, je me jetais par terre comme un enfant hystérique.

«C'est simple, pourtant, moman! On a juste à poster la brique!

— Tu comprends pas.... C'est pas si simple que ça... J'peux pas t'expliquer pourquoi, mais je peux pas le laisser gagner! Si je le laisse gagner, y va recommencer, pis y aura pus de fin à ses niaiseries!»

Mais j'avais cinq ans, j'étais crédule et je voulais que le père Noël retrouve sa brique magique et que les autres enfants du quartier reçoivent leurs cadeaux. Alors maman, pour me calmer, pour me faire plaisir, surtout pour mettre fin à cette pénible histoire, alla fouiller dans les restes de papier dont elle avait emballé les cadeaux, enveloppa du mieux qu'elle put la brique sale, inventa une adresse au père Noël et soupira en contemplant son œuvre dûment timbrée et adressée.

«En tout cas, laissez-moi vous dire que j'ai pas mis d'adresse de retour! J'ai pas envie d'être poursuivie par le gouvernement fédéral!»

En guise de punition, mais je crois plutôt qu'il en fut ravi, Bernard se vit obligé de m'accompagner jusque sur la rue Mont-Royal pour aller poster la maudite brique.

Maman avait dit:

«Le plus loin possible de la maison! Faut surtout pas que c'te niaiserie-là remonte jusqu'à nous autres!»

Il était très content du tour qu'il nous avait joué, mais avant de déposer le paquet dans la bascule de la boîte aux lettres, Bernard ne prit pas de chances et regarda des deux côtés pour vérifier que personne ne nous surveillait.

La brique fit un bruit abominable en atteignant le fond de la boîte. Je me mis aussitôt à plat ventre pour voir si elle ne l'avait pas défoncé. Non, tout était normal, il n'y avait même pas de bosse.

«Quand est-ce qu'y va la recevoir, la brique, Bernard?

—Pas longtemps après que j'aye reçu la mienne, je pense.»

Il fut assez sévèrement puni et comme je ne comprenais pas pourquoi, je le défendis pendant des jours et des jours au grand dam de ma mère qui ne pouvait pas m'expliquer les raisons de sa punition.

*　*　*

Une semaine plus tard, Bernard revint de l'école avec une lettre qu'il donna à maman.

Elle regarda l'enveloppe, soupira, se passa la main sur le front comme lorsqu'elle ne savait quoi décider devant un choix à faire.

Elle finit par sourire.

«Tu m'auras eue jusqu'au bout, hein? O.K., tu peux y donner…»

Et c'est ainsi que j'eus en ma possession une lettre signée par le père Noël lui-même qui me remerciait de lui avoir fait parvenir sa précieuse brique magique. C'était écrit au crayon à mine sur du papier ligné d'école, mais, bien sûr, je n'y fis pas attention.

LE CHANTEUR DE MEXICO

Chaque vendredi, après son travail, ma cousine Hélène, la fille aînée de ma tante Robertine, faisait un ajout à sa collection de disques 78 tours qu'on n'appelait pas encore des *records,* mais plutôt des *plates,* prononcé à l'anglaise. C'était les débuts de Frank Sinatra, le déclin de Jean Sablon, le règne de Tino Rossi, et tous les crooners à la mode, américains comme français et même quelques latinos, aboutissaient dans l'antique tourne-disque de ma grand-mère Tremblay qui sonnait comme une batterie de cuisine tant il était vieux. Le son qui sortait de cet appareil fabriqué dans les années vingt était à la fois strident et sourd : les voix, nasillardes, n'avaient rien d'humain et l'orchestre semblait provenir d'un autre monde. De plus, il était à ce point usé qu'il fallait changer d'aiguille presque chaque fois qu'on y posait un disque. Ma grand-mère prétendait même que chaque *plate* avait son aiguille, qu'il suffisait de la trouver. En effet, lorsqu'un disque sonnait mal, c'est-à-dire tout le temps, on enlevait l'aiguille du bras trop lourd et on en pigeait une autre dans une petite boîte ronde en métal posée à côté de la table tournante, en souhaitant que ça allait être la bonne. Ce n'étaient pas des aiguilles, c'étaient presque des clous! Ils détruisaient les sillons gravés dans le plastique et endommageaient les disques à tout jamais dès leur premier contact, mais on continuait à s'en servir parce qu'on n'en avait pas d'autres. Je n'ai pas souvenir que quelqu'un ait acheté une seule boîte d'aiguilles neuves durant toute mon enfance. Elles avaient même fini par rouiller!

La maisonnée entière adorait la musique, surtout les chansons populaires, et les voix rendues éraillées de Frank, de Tino et de Jean s'élevaient dans la salle à manger à toute heure, accompagnée de celles, encore plus laides parce que fausses, des différents membres de la famille: ma grand-mère prenait une voix de tête qu'on ne lui connaissait que lorsqu'elle chantait, flûtée, désagréable parce que trop stridente et désespérément fausse; ma tante Robertine – elle chantait moins que les autres, on s'en doute un peu – avait fini par adopter une espèce de bizarre parlando parce qu'elle ne pouvait pas pousser une seule note juste, comme sa mère ; maman, elle, lyrait trop, elle allongeait toutes les notes et arrivait toujours à la fin des phrases musicales après les chanteurs professionnels, papa disait même qu'elle finissait toujours ses chansons le lendemain matin ; Hélène excellait dans le be-bop et arrivait, sinon à nous les faire entendre, du moins à nous faire voir les trois Andrews sisters en même temps, avec chorégraphie et tout ; Jacques ne se laissait aller que lorsque que c'était au moins du semi-classique – il beuglait *O sole mio* à faire peur ; Bernard s'abstenait parce qu'il chantait encore plus faux que sa grand-mère ; mon père, pour sa part, avait commencé à perdre l'ouïe mais nous imposait encore sa voix trop forte, surtout si Tino Rossi entamait *Sous les ponts de Paris* ou *Le Petit Arrosoir*. Mon cousin Claude, pour sa part, avait peur de l'appareil et ne s'en approchait jamais. Quant aux deux frères de mon père, ils prétendaient qu'ils n'avaient pas besoin d'accompagnement pour chanter et le faisaient la plupart du temps la nuit, au retour de l'une de leurs beuveries. Quant à moi, j'étais trop timide pour essayer de compétitionner avec tout ce monde-là et je me contentais d'écouter, me réservant pour chanter les moments où je me retrouvais seul devant le tourne-disque, ce qui était d'ailleurs plutôt rare.

Lorsqu'une chanson était particulièrement populaire dans la famille, il fallait entendre la cacophonie qui s'élevait dans la maison : personne sur le même ton ni sur le même rythme, une pâte sonore indescriptible qui sortait par les fenêtres pour aller scandaliser les oreilles de tout le voisinage mais, mêlée à tout ça, une espèce de joie de vivre et de vouloir bien faire que plusieurs devaient nous envier.

Parfois, on entendait Hélène crier :

«Qui c'est qui a encore usé ma *plate* neuve jusqu'au plastique!»

En effet, à force d'être joués trop fréquemment, les disques, à cause des aiguilles pour le moins inadéquates, prenaient une teinte blanchâtre des plus vilaines, un voile sonore les couvrait, une espèce de *sssss* très énervant qui voilait le son déjà mauvais du tourne-disque et rendait souvent l'audition difficile sinon impossible.

Hélène tournait quand même la manivelle pour crinquer le moteur de l'appareil, posait son disque trop usé sur la table tournante et l'écoutait, parfois cinq ou six fois de suite. Sa mère lui criait alors de la cuisine :

«T'es pas sûre que c'est pas toé, Hélène, qui l'a usé, c'te *plate*-là?

—J'viens juste de l'acheter, viarge! Aurait faulu que je l'écoute toute la nuit!

—Ben, quelqu'un d'autre l'a pas écouté toute la nuit non plus, parce qu'on aurait pas pu dormir!

—La nuit, non, mais le jour, par exemple… Toé, ma tante Nana, grand-moman, Michel… Tu te plains que j'en achète trop pis t'es la première à les écouter! Ça me surprendrait pas que ça soye toé qui les uses toutes!

—J'sais même pas comment c'te machine-là marche…

—C'est ça, fais l'ignorante, comme d'habitude, pour pas avoir à me répondre comme du monde…

—Aïe! C'est à ta mère que tu parles!

—Ben oui, ben oui. En attendant, ma *plate* est usée jusqu'à la corde! C'est pas écoutable, c't'affaire-là! On dirait qu'y y ont mis la main dans le tordeur pendant qu'y faisaient l'enregistrement!

—Ben non, c'est comme ça qu'y chante, le pauvre homme!»

Pendant ce temps, Tino, stoïque, continuait à vanter les qualités de Marinella ou bien Frank prétendait que *the lady is a tramp...*

Mais le règne du vieux tourne-disque de grand-maman Tremblay achevait. Nous allions passer en une seule soirée et sans trop nous en rendre compte du début du siècle au milieu des années cinquante.

Sans transition.

* * *

Chaque soir après le collège, mon frère Jacques se rendait chez Dupuis et Frères, un grand magasin de la rue Sainte-Catherine, où il calculait la recette quotidienne des caisses de la mezzanine, après la fermeture, pour payer ses études. Il soupait donc plus tard que le reste de la maisonnée, soit vers sept heures. Ma mère lui gardait une assiette au chaud ou mettait son steak de côté en nous défendant même de le regarder.

«C'est pour Jacques. Pauvre lui, y travaille toute la journée au collège, y compte ensuite l'argent de toutes les caisses de Dupuis et Frères, pis y passe ses soirées le nez dans ses livres de devoirs! Y peut ben être pâle!»

Un bon vendredi soir, cependant, il arriva de son travail tout essoufflé et rouge comme une betterave. Comme c'était un être plutôt flegmatique, cela nous étonna tous au plus haut degré.

«Attendez de voir c'que j'ai acheté!»

Il tenait un paquet plutôt petit qu'il défit devant nous après l'avoir posé sur la table de la salle à manger.

C'était une boîte de plastique noir, carrée, surmontée de ce qui semblait être une table tournante, mais dont le poteau central était trop gros pour laisser passer le trou des disques 78 tours.

Il sortit ensuite un minuscule disque lui aussi en plastique, mais rose, transparent, à l'étiquette bleu sainte Vierge et au trou central énorme.

«Ça s'appelle un 45 tours! Et ça, c'est le tourne-disque pour les faire jouer! Ça tourne moins vite, ce qui fait qu'y peuvent mettre plus d'informations sur un plus petit disque! C'est le disque de l'AVENIR!»

Il se serait adressé à nous en mandarin ancien que nous aurions plus compris ce qu'il disait.

«C'est vrai, c'est l'avenir de l'industrie du disque! Ça va remplacer les vieilles affaires comme celle de grand-maman! Et attendez d'entendre le son! On dirait qu'y chantent à côté de nous autres!»

Il mit le disque de plastique rose dans les mains de maman.

«C'est le nouvel enregistrement de Luis Mariano, maman. Vous en reviendrez pas. Y chante comme un défoncé, là-dessus... C'est deux extraits d'une opérette qui s'intitule *Le Chanteur de Mexico*. J'pense que ça joue depuis dix ans, à Paris...

Il lui reprit le disque des mains, mit l'appareil sous tension et dit, en regardant ma cousine Hélène:

«Pis ça s'appelle pas une *plate*, ça s'appelle pas un *record* non plus, ça s'appelle un disque!»

Et c'est ainsi que *Mexico* est entré dans notre vie...

* * *

Dès la première écoute, mon père a protesté.

«Avec les culottes qu'y porte sur le portrait, y peut ben chanter avec c'te voix haute là! Y chante comme un serrement de gosses!»

Protestations véhémentes de la part des femmes présentes.

Évidemment, papa en a remis:

«C'pas un chanteur, c'te gars-là, c't'un... euh... comment y appellent ça, donc, en Arabie, les gars avec la queue coupée qui gardent les harems... des neunuques! C'est un neunuque! Vous vous pâmez devant un neunuque!»

132

Les femmes l'envoyèrent lire son journal dans sa chambre et remirent le disque depuis le début.

Pendant une grande partie de la soirée, la voix de Luis Mariano s'éleva dans la salle à manger. Maman se tenait le cœur à deux mains, grand-maman écrasait de temps en temps une larme furtive, ma tante Robertine faisait les yeux ronds, signe chez elle d'une grande concentration, Hélène haussait les épaules en fouillant dans sa propre collection de 78 tours à la recherche de quelque chose de moins larmoyant et, surtout, de plus swignant.

«On va mettre d'autre chose, ça a pas de bon sens, sinon on va chanter *Mexico* toute la nuit!»

Les trois autres femmes lançaient de hauts cris de protestation, repartaient le disque, écoutaient religieusement les glissandos et les coups de voix de Luis, découvrant chaque fois une note qu'elles n'avaient pas encore entendue ou une subtilité d'interprétation qui leur avait échappé.

Le son du nouveau tourne-disque était bien sûr moins spectaculaire que ce que nous avait annoncé mon frère, mais assez supérieur à celui de grand-maman Tremblay pour que nous nous pâmions d'entendre autre chose que la voix déformée du chanteur et, à l'arrière-plan, un vague accompagnement à l'orchestre. C'était clair, précis, on entendait tout et aucun voile produit par une aiguille trop large ne venait en gâter l'écoute.

Mon frère Jacques se pétait les bretelles.

«C't'une ben belle invention...»

Hélène soufflait sur un de ses disques pour en déloger une poussière imaginaire.

«J'espère que t'as pas acheté juste un disque, parce qu'on va venir fous avant deux jours!

—Ben, l'appareil m'a coûté assez cher... J'vas faire comme toi, j'vas en acheter un par semaine... Faut ben commencer quequ'part!

—T'aurais pu commencer ailleurs, franchement! On va écouter ça pendant toute une semaine! J'pense que j'vas aller me louer une chambre sur la rue Mont-Royal, moi, si ça continue comme ça!»

Elle avait raison, nous avons écouté *Mexico* pendant toute une semaine.

Aussitôt *Jeunesse dorée* terminée, à midi et quart, l'une des trois femmes, la plupart du temps ma grand-mère, sortait le nouvel appareil qu'on pouvait facilement remiser dans le bas d'une armoire à cause de sa petite taille, le branchait dans le mur, mettait le seul 45 tours que nous possédions sur la table tournante et la voix de Luis, acidulée et nasillarde, montait dans la maison, un peu comme la fraiseuse d'un dentiste. Du moins selon mon père qui se prétendait ravi, pour une fois, d'être partiellement sourd.

Jacques nous avait montré une fonction qui n'existait pas sur le vieil appareil : un bouton de réglage du son ! Nous pouvions donc écouter *Mexico* comme un murmure derrière les conversations, à un volume normal ou à pleine capacité. Ce qui fait que Luis Mariano, selon nos désirs, susurrait doucement pendant qu'on parlait d'autre chose ou beuglait à pleins poumons au risque de crever le petit haut-parleur qui, on s'en rendit vite compte, n'était pas de première qualité et risquait à tout moment de rendre l'âme. À moins que ce fût pour lui une façon de protester d'avoir à toujours jouer la même sempiternelle chanson. Il voulait du neuf et le faisait savoir !

Quand Hélène revenait du travail ou que mon père entrait dans la maison, Luis se taisait comme par magie ; Frank ou Jean le remplaçaient aussitôt sur le vieux gramophone en faisant ce qu'ils pouvaient, les pauvres, pour se faire entendre derrière leur friture.

Après le souper, la vaisselle terminée, quelqu'un disait:

«On met-tu le disque?»

Et c'était reparti.

Il nous arrivait de chanter en chœur, les femmes pas trop fort pour quand même entendre la voix de leur idole, moi à tue-tête malgré ma timidité parce que j'adorais imiter l'accent de Luis que nous n'arrivions pas à situer: espagnol? italien? provençal?

Mexico! Mexiiiiiicooo!
Sous ton soleil qui channnteiii...
Le temps paraît trop court
Pour goûter au bonheur
De chaque jour...

Maman disait:

«Michel! Moque-toi pas de lui comme ça, y est peut-être venu au monde dans le même pays que Fernandel, c'est pas de sa faute!»

Je continuais de plus belle, en exagérant encore mon imitation pour faire hurler les femmes de la maison. Qui se faisaient un plaisir de s'exécuter à grands coups de menaces et de promesses de punitions. À cœur de jour, à cœur de soirée, *Mexico* fit vibrer les murs de l'appartement de la rue Fabre.

Au bout d'une semaine, cependant, on sentit une certaine saturation à l'écoute du disque de Luis Mariano. On le mettait le son plus bas, on chantait moins, on parlait plus fort, on allait même jusqu'à hésiter avant de remettre la chanson. Puis, un soir, alors que je venais de leur imposer encore une fois ma version personnelle de la voix du divin Luis, maman, n'y tenant plus, s'écria en levant les bras au plafond:

«Si j'entends encore une fois c'te chanson-là, j'pense que j'vas exploser comme un Presto pis que vous allez être obligés de venir me décoller du plafond! Chus pus capable de l'entendre! Chus pus capable! CHUS PUS CAPABLE!»

Ma tante et ma grand-mère avouèrent qu'elles en avaient elles aussi assez et c'est alors qu'elles eurent la brillante idée d'aller voir ce qu'il y avait de l'autre côté du disque, sur la plage B.

«Hon! R'garde ça, Nana! C'est une chanson qui s'appelle *Acapulco*!»

Ma mère avait toujours rêvé d'Acapulco et nous en parlait, des fois, dans ses grands moments de déprime. Elle avait tout lu au sujet de la baie, des montagnes, de la mer, du climat tropical, des perroquets et même des scorpions et, sans en avoir aucun vrai espoir, elle caressait quand même le rêve d'aller un jour s'étendre au bord du Pacifique pour voir mourir le soleil dans les vagues agitées de l'océan.

«Avoir su, j'aurais regardé avant aujourd'hui...

—C'est pourtant vrai, on a même pas pris la peine de vérifier l'autre bord de la *plate*... Euh... du disque...

—Ben non, y est resté sur le pick-up toute la semaine, on y a jamais retouché depuis qu'on l'a mis là...

—Hé, qu'on est niaiseuses, des fois...»

Acapulco alla droit au cœur de maman, tellement que nous nous retirâmes tous après la première audition pour la laisser seule devant le tourne-disque. C'était en chanson son grand rêve caressé depuis si longtemps, avec le rythme des Caraïbes à l'arrière-plan, la caresse du vent qui rend fou et la promesse de bonheurs indescriptibles à travers des paroles simplistes mais efficaces. C'était le voyage qu'elle attendait depuis toujours et nous la laissâmes toute la soirée se délecter de ces plaisirs empoisonnés.

Du fond de mon lit, j'entendais le rythme des bongos, j'imaginais les palmiers qui s'agitent dans le vent de la mer, la lune, grosse et rouge, qui se lève

au-dessus des vagues, maman se balan-
çant devant tout ça dans un énorme
hamac blanc, un Coke à la main et le
sourire aux lèvres. J'étais heureux pour
elle. Mais inquiet du moment où elle
s'éveillerait de tout ça. Si elle s'éveilla,
elle ne nous le laissa jamais voir.

Et on n'entendit presque plus jamais
Mexico.

Je me souviendrai d'Acapulco
Et j'entendrai comme un écho
Cette musique
Loin des jours heureux
Loin du paradis
Que l'on trouve ici.
Je retrouverai la volupté
L'enchantement des nuits d'été
Du Pacifique…

Et, au bout d'une semaine, on se rendit compte que les 45 tours eux aussi
pouvaient s'user jusqu'à la corde.

LE SOULIER DE SATIN

«Pensez pas que c'est pas beau! Ça reluit comme du satin!

—Ça reluit pas comme du satin pantoute, Nana! C'est du cuir patent! Pis du cuir patent, ça reluit pas comme du satin! C'est plus *shiné* que du satin! Du satin, c'est mat. Ça, ça *shine* comme des souliers de femme!

—Moi, quand je les ai vus, j'me sus dis que ça avait l'air du vrai satin…

—Nana! Franchement! Arrête de dire ça! Tu connais ça, pourtant, du satin, t'en portes tous les dimanches! Le bas de ma robe, r'garde, ça c'est du satin…

—En tout cas, sont beaux! Les aimes-tu, tes beaux souliers de première communion, Michel?»

Ma mère tenait entre ses mains la paire de souliers la plus laide que j'avais vue dans toute ma vie. Noirs, étroits, pas lacés mais du genre escarpins dont les filles raffolent mais que les garçons abhorrent au point de préférer rester enfermés chez eux plutôt que de se faire voir là-dedans, ils représentaient à eux seuls le cauchemar d'une journée gâchée.

Il n'était pas question que je porte ça le jour de ma première communion!

J'aurais trop honte.

Et pourtant, je n'arrivais pas à le dire.

«Tu réponds pas?

— Tu vois ben, Nana, qu'y les aime pas! Y a pas un petit gars qui se respecte dans le monde entier qui porterait ça, voyons donc! Y va avoir l'air d'une fille! Déjà que tu y prépares une grosse boucle de peau de soie blanc pour y mettre dans le cou au lieu d'une petite boucle noire comme tout le monde, tu m'as dit que t'essayerais de trouver un brin de muguet pour attacher après sa lapelle, pis là tu y achètes des souliers de fille! C'est les filles qui portent un brin de muguet pour leur première communion, Nana, pis c'est les filles qui portent des grosses boucles dans le cou pis des souliers de cuir patent! Quand y va arriver à l'église, y vont y regarder les pieds, pis y vont l'empêcher d'aller du côté des garçons, certain! Pis y va y avoir une tache noire parmi les robes blanches! Y va y avoir une grande file de petites robes blanches, là, pour aller communier, pis tout d'un coup paf! La tache noire, *ton garçon*! C'est ça que tu veux?

—Madame Tremblay, s'il vous plaît, j'pourrais-tu élever mes enfants à ma façon à moi? Hein?

—Tu m'as demandé ce que j'en pensais…

—J'vous ai pas demandé un sermon…

—… ben, c'est ça que j'en pense! C't'enfant-là va faire rire de lui, pis y s'en remettra peut-être jamais!

—Hé, que vous êtes dramatique!

—Moé, dramatique? Tu te vois pas aller? Tu t'arranges pour gâcher la première communion de ton dernier enfant, là, pis après c'est toé qui vas être malheureuse! Pis tu vas te le reprocher pour le reste de tes jours!

—Y gâchera pas sa première communion!

—Lui, non, toé, oui!»

Maman et grand-mère Tremblay ne s'engueulaient jamais pour de bon. Elles se criaient volontiers par la tête, oui, parce qu'il y avait trop de monde dans l'appartement, parce que la promiscuité faisait que les femmes, qui restaient enfermées ensemble toute la journée dans la maison, finissaient par ne plus pouvoir s'endurer, mais une vraie chicane en bonne et due forme, un conflit réel, profond, ça n'existait à peu près pas dans cette famille où toute dispute était oubliée en moins de cinq minutes dans le brouhaha de la vie quotidienne. Mais cette fois-là, je me rendais bien compte que les deux femmes étaient sérieuses et que leur discussion allait plus loin qu'un simple désaccord. Elles réglaient entre elles des différends beaucoup plus larges, beaucoup plus vastes ou profonds qu'une simple paire de souliers de cuir verni portée par un petit garçon le jour de sa première communion.

C'est la raison pour laquelle je me crus obligé de leur dire que mes souliers étaient ravissants et que j'avais hâte de les porter, alors que j'étais d'accord avec ma grand-mère. Plutôt que de les regarder se chicaner, j'avais donc décidé, à mes risques et périls, de gagner du temps. Pour qu'elles arrêtent de crier, pour que l'harmonie, ou ce qui en tenait lieu dans cette maison, revienne, ne serait-ce que pour quelques heures.

Grand-mère leva les yeux au ciel en faisant tut-tut-tut avec sa langue et maman prit cet air de triomphe qui la faisait rougir de partout lorsqu'elle sortait victorieuse d'une discussion ou d'une altercation.

Parce qu'elle se croyait victorieuse.

Elle me prit par la main, me tira vers la chambre à coucher et lança, plus pour sa belle-mère que pour moi :

«Viens, Michel, on va aller essayer tes beaux souliers de satin que tu vas porter le jour de ta première communion comme je l'avais décidé.»

Je crus quand même nécessaire de lui murmurer doucement :

«Moman, c'est pas du satin, c'est du cuir patent.»

Les maudits souliers étaient trop petits, ils me serraient les pieds et me feraient mal au bout de dix minutes, j'en étais convaincu, mais j'avais décidé de les endurer pour ne pas déplaire à maman qui était si fière de son choix et qui, surtout, les trouvait si beaux.

Elle avait pressé le doigt sur le bout de la chaussure en me demandant :

«C'est pas un peu petit? C'est pas un peu serré? Y me semble qu'y sont un peu serrés... Dis-lé si y sont trop serrés.

— Ben non.

— T'es sûr?

— Ben oui.

— Dis-lé, hein, on va aller les changer... Tu porteras des souliers comme tout le monde, c'est toute...

— Non, non, sont corrects...

—J'aurais dû t'emmener avec moi chez Giroux et Deslauriers, aussi… Mais quand je les ai vus, je les ai trouvés tellement beaux que j'ai décidé de les acheter tu-suite, j'étais pas capable d'attendre à demain pour que tu les essayes. Y avaient l'air un peu petits, mais je pouvais pas résister, y étaient trop beaux… Sont-tu trop petits? Dis-lé à moman si y sont trop petits…»

Et pour ne pas lui déplaire, j'avais prétendu encore une fois qu'ils faisaient parfaitement l'affaire. Si elle m'avait regardé à ce moment-là, cependant, elle aurait vu que mon visage disait le contraire. Mes orteils étaient coincés dans le bout, le talon frottait contre ma peau et je commençais à ne plus sentir mes pieds.

«Marche un peu avec…»

Mon Dieu! La souffrance, tout à coup! J'espérais seulement que mes pieds deviendraient trop engourdis, le matin de ma première communion, pour que je ressente quoi que ce soit et, surtout, que mes grimaces ne me trahiraient pas. Il faudrait que je me pratique jusque-là à souffrir sans faire de grimaces.

* * *

Nous y étions, au matin de ma première communion, et le seul fait de regarder mes souliers me donnait des sueurs froides.

Maman m'avait aidé à revêtir mon beau costume neuf – j'aurais préféré un pantalon long, mais nous n'en avions pas le droit à l'école Bruchési : les filles en robes courtes, les garçons en culottes courtes –, elle avait ensuite attaché autour de mon cou une énorme boucle en poult de soie blanche qui ressemblait à un chou pour orner un cadeau et agrémenté le revers de ma veste d'un brin de muguet.

J'aimais bien le costume malgré la culotte courte, mais je haïssais chacun des embellissements qu'elle y avait apportés. J'avais l'impression d'être une poupée trop déguisée. Comment affronter toute mon école attifé de la sorte ? J'étais habillé en garçon, mais avec des décorations de fille !

Ma grand-mère n'eut qu'un mot en me voyant sortir de la chambre à coucher que je partageais toujours avec mes parents :

« Y y manque juste un nez rouge, à c't'enfant-là, pour avoir l'air d'un clown de cirque. Mais c'est vrai que les bouffons, eux autres, leurs souliers sont trop grands au lieu d'être trop petits ! »

Je ne pouvais pas être plus d'accord.

Ma mère, fière de son œuvre, fit celle qui n'avait rien entendu.

«Bon, ben on va mettre tes beaux souliers, à c't'heure...»

Horreur!

La boîte était posée sur la table de la salle à manger. Le bon Dieu lui-même était contre moi, il n'avait pas exaucé le souhait que j'avais fait avant de m'endormir: le chat des voisins n'était pas entré par la fenêtre pendant la nuit pour venir pisser sur les maudits souliers de cuir verni. Ils étaient toujours là, enveloppés dans leur papier de soie, trop luisants, exactement comme des souliers de fille. Si le soleil se reflétait là-dessus, on ne verrait que ça de toute la journée! Sur le trottoir comme à l'église.

En glissant mes pieds dedans, j'eus l'impression d'entrer dans le tordeur de la machine à laver. Incapable de faire un pas, je regardais les deux souliers en me disant:

«J'vas pas passer toute la journée là-dedans, ça se peut pas!»

Ma grand-mère se berçait dans sa chaise à bascule.

«Tu vois ben que c't'enfant-là est pas capable de marcher avec ça dans les pieds! On dirait qu'y est infirme! T'aimes mieux que ton enfant passe pour un infirme que d'y faire porter des souliers qui y font!»

Prise d'un doute, maman se pencha sur moi, le front barré d'une ride que je ne lui connaissais pas encore.

«C'est-tu vrai, Michel? Si y te font mal, dis-lé à moman, a' te chicanera pas pis on va t'en mettre des vieux...»

Je me vis m'approcher de la sainte table non seulement déguisé en clown de cirque mais, en plus, sans souliers neufs, et je prétendis une ultime fois, d'une petite voix pas du tout convaincue, que mes souliers étaient parfaits.

Ma grand-mère soupira en haussant les épaules.

«Y est aussi fou qu'elle. Tout ce qui manquerait, ça serait qu'y mouille pis que les sautadis souliers rapetissent!»

*   *   *

Mes deux meilleurs amis, Jean-Paul Jodoin et Serge Amyot, m'attendaient au pied de l'escalier extérieur, joyeux, la bouche fendue jusqu'aux oreilles, l'œil vif de qui sait qu'un party en son honneur a été minutieusement préparé et que la nourriture y sera abondante. Ce n'était pas tant de recevoir le corps de Jésus-Christ pour la première fois qui les excitait, mais ce qui allait suivre : les félicitations, le repas, les cadeaux. Ils trouvèrent curieux que je descende d'une façon si hésitante, moi qui déboulais toujours les marches pour aller les rejoindre le plus vite possible.

À mon arrivée sur le trottoir, ils ne virent évidemment que mes souliers. Et me le dirent.

« Que c'est que t'as dans les pieds?

— C'est-tu les suyers de ta cousine?

— Ta mère s'est-tu trompée?

— C'est-tu des suyers de l'ancien temps?

— Ta mère a-tu sorti ça des boules à mites?

— Vas-tu garder ça dans les pieds pour aller à l'église? Comment tu fais? Moé, je serais pas capable, j'aurais trop peur de faire rire de moé!»

À leur grand étonnement, je ne trouvais rien à répondre. D'habitude, j'arrivais à me sortir de n'importe quelle mauvaise situation en disant n'importe quoi, mais cette fois-là, je restais muet devant eux, pétrifié par la peur que mes souliers ne me soutiennent même pas jusqu'à l'église qui se trouvait à deux blocs de là. J'avais juste envie de leur dire qu'ils avaient raison, de remonter l'escalier et d'aller me cacher dans le fin fond de la chambre, le seul endroit au monde où le port de souliers n'était pas obligatoire.

Mon père nous suivait avec son nouvel appareil photo et nous nous laissâmes quand même photographier de bonne grâce. Sur la photo que je possède encore, rien ne paraît : j'ai l'air d'être aussi heureux que mes deux compagnons. Mais j'ai aussi l'air d'un maudit fou avec mon brin de muguet et ma grosse boucle. Malheureusement, on ne voit pas mes souliers en cuir verni. Dommage. Je n'ai donc pas de preuve que ce qui va suivre est vrai.

*   *   *

J'eus un moment d'espoir en me dirigeant vers l'église en compagnie de Jean-Paul et de Serge : j'avais eu raison, en fin de compte, de penser que mes pieds deviendraient insensibles à force de marcher dans mes souliers, parce qu'à part leur étroitesse qui me comprimait les orteils, je ne sentais aucune douleur. Quel soulagement. J'avais la démarche quelque peu chaloupée et je baissais toujours les yeux sur mes pieds, mais je ne souffrais pas. J'en fus bien sûr ravi et, arrivé au coin des rues Gilford et Garnier, je décidai que j'allais passer une très belle journée, une excellente journée, une journée mémorable.

Et mémorable, elle le fut, en effet.

* * *

La douleur me prit au moment où je commençais à grimper les marches du parvis de l'église Saint-Stanislas-de-Kostka. Tout allait bien, le sang ne circulait plus, je ne ressentais rien, j'étais content de retrouver mes camarades de l'école Bruchési aussi endimanchés que moi et aussi engoncés dans leurs habits neufs, j'avais quasiment oublié mes souliers parce que personne d'autre que Serge et Jean-Paul n'avait osé m'en parler, lorsque arrivé à la grande porte centrale aux deux vantaux grand ouverts pour nous accueillir en cette journée si importante pour nous, une douleur fulgurante me cloua sur place. Cela partait de mon pied gauche et montait le long de ma jambe, une vrille de souffrance, des épines qui perçaient ma peau, une pulsation au bout des orteils que je sentais tout à coup gros comme des citrouilles. Il fallait absolument que j'enlève mes souliers. Tout de suite! Sinon, j'allais perdre mon pied gauche! Et l'autre, c'est sûr, allait suivre très bientôt.

Au lieu d'emboîter le pas à mes amis comme je l'avais fait jusque-là et entrer tranquillement à l'église, je dépassai tout le monde en courant pour aller retrouver ma place.

Bien sûr, je me trompai de banc et me fis engueuler par un camarade de classe que je n'aimais pas beaucoup et qui, lui, n'attendait qu'une occasion pour me tomber dessus. Mademoiselle Saint-Jean, notre maîtresse d'école, se vit obligée de venir nous séparer en pleine église. Des cous s'étiraient dans notre direction, des remarques étaient échangées à voix basse, des doigts étaient pointés, des fous rires dissimulés derrière des mains.

Des parents scandalisés qui se demandaient qui était ce jeune imbécile qui s'était trompé de place.

J'espérais d'ailleurs que les miens n'étaient pas déjà arrivés.

Mademoiselle Saint-Jean fulminait.

«Le matin de votre première communion! Vous n'avez pas honte? Toi, Michel, va donc prendre ta place au lieu de prendre celle des autres et toi, Richard, arrête de le taper comme ça, tu vas le faire saigner du nez! J'ai pas envie qu'un de mes élèves aille saigner sur la sainte table! J'me demande même si vous devriez la faire, votre première communion, ce matin, vous deux! Ce que vous êtes en train de faire là, c'est pas très loin d'un péché mortel, vous savez!»

Il ne manquait plus que ça! Que ma mère soit témoin de mon renvoi de ma propre première communion! Le péché mortel, je m'en foutais, mais il n'était pas question que je ne me rende pas comme tout le monde à la sainte table pour recevoir la sainte hostie.

Le calme revenu, mademoiselle Saint-Jean vint me reconduire elle-même à ma place, me pinça un peu le bras pour que je comprenne bien qu'elle était sérieuse et je me retrouvai agenouillé, le visage en feu à cause des coups que j'avais reçus, les oreilles rouges à cause de la honte et les deux pieds palpitants de douleur.

Après la prière à genoux imposée à cette époque à quiconque entrait dans un banc d'église, je m'assis en n'osant pas toucher à mon pied douloureux. Il fallait que j'enlève ce soulier, que je fasse respirer mon pied, que je le débarrasse de ce carcan de douleur. Mais comment faire ici, dans l'église, cinq minutes avant que commence la messe? N'y tenant plus, je posai le pied droit sur le talon du gauche et poussai de toutes mes forces. Le soulier gauche tomba sur le plancher de marbre en faisant trop de bruit à mon goût. Horreur! Non seulement mon pied continuait de me faire souffrir, mais chaque orteil qui se détachait des autres produisait comme une décharge électrique qui irradiait du bout de mon pied jusqu'à la base du cou et chaque pulsation de mon cœur déclenchait partout dans mon corps une douleur fulgurante. Je me tordais presque sur le banc d'église, j'eus même peur, à un certain moment, de m'évanouir. Je sortis mon mouchoir propre pour essuyer mon front trempé. Heureusement, la douleur se calmait. Je tenais mes cinq orteils bien écartés et bougeais mon pied de droite et de gauche pour bien aérer tout ça.

La messe commença. C'était beau, il y avait beaucoup de musique et de chant, le soleil entrait par les vitraux, tout était revenu à la normale. Et je n'avais pas de nouvelles de mon pied droit qui pendait, inerte, au bout de ma jambe. Je jetais de temps en temps un regard en direction de mes parents qui, eux aussi, je le sentais, me guettaient. Je fis un sourire rassurant à maman qui se contenta de froncer les sourcils. Elle était capable de se douter que quelque chose n'allait pas... Sans savoir quoi au juste, elle pouvait très bien *sentir* venir un drame, cela lui arrivait souvent, c'était chez elle comme un sixième sens, elle était dotée d'antennes qui pouvaient déceler un drame des milles à la ronde.

Le sermon ne fut pas trop long, la messe faisait doucettement son petit bonhomme de chemin, tout allait bien, lorsque vint le moment de l'élévation et que je réalisai qu'il fallait que je remette mon soulier pour me rendre à la sainte table! Je l'avais posé sur la marche du prie-Dieu de bois, à la vue de tous, et mes voisins de banc me regardaient avec un drôle d'air, se demandant probablement, s'ils avaient deviné pourquoi je l'avais retiré, comment j'allais m'y prendre pour me rechausser.

J'attendis jusqu'à la dernière seconde. Pendant toute l'élévation, mon cœur cognait dans ma poitrine, j'avais des chaleurs, je respirais trop rapidement. Je me voyais sortant du banc sans mon soulier gauche, j'imaginais l'air que feraient mes parents, ma honte d'avoir à traverser toute l'église un pied nu et l'autre chaussé, le refus du prêtre de me donner le corps de Jésus à avaler parce qu'il penserait que j'étais en train de faire une farce plate...

À la dernière seconde, alors que le prêtre se tournait vers nous pour nous inviter à nous approcher de la sainte table, je glissai mon pied à toute vitesse dans mon soulier. Mon pied avait enflé! Il n'entrait plus du tout dans la chaussure! Je poussai de toutes mes forces... et cassai le renfort de la chaussure qui se plia vers l'intérieur. Le moment de pure panique qui suivit ne dura que quelques secondes mais il me parut une éternité. Je me penchai, glissai mon index dans mon soulier, redressai le renfort et recommençai ma manœuvre, cette fois en gardant le doigt à l'intérieur de la chaussure. J'aurais vomi tellement ça faisait mal. Un pincement à l'index s'ajouta à la douleur du pied qui retrouvait son carcan, mais le soulier était mis! J'eus juste le temps de me redresser, c'était mon tour à sortir du banc.

Je boitais tant que je n'osai pas jeter un seul regard en direction de mes parents qui devaient se demander ce qui se passait. Des larmes, qui auraient dû être d'émotion mais qui n'étaient que la manifestation de ma douleur et de mon humiliation, me remplissaient les yeux. Je pris ma place à la sainte table, tendis la langue, reçus le corps de mon Sauveur, me relevai en m'empêchant de le croquer pour ne pas le faire saigner, comme on m'avait dit de faire. Je ne ressentais aucune joie divine, mon âme n'était pas élevée et si mon cœur battait trop fort dans ma poitrine, ce n'était surtout pas à cause de la présence de la sainte hostie dans ma bouche.

Pour revenir à ma place, je devais passer à côté de mes parents. Une fois de plus, je n'eus pas le courage de les regarder; j'entendis seulement ma mère qui murmura entre ses dents au moment où je la dépassais:

«Comment ça se fait que tu boites de même, toi?»

* * *

Maman avait sorti le peroxyde, la teinture d'iode, une boîte de coton hydrophile, des pansements, et s'affairait autour de mes pieds.

«Si ça a du bon sens de se faire saigner de même! T'es pas toujours obligé de dire comme moi pour me faire plaisir, tu sais! Tu devais ben le savoir que ces souliers-là étaient trop petits pour toi! Pourquoi tu me l'as pas dit? Je sais que t'as une langue, chus ben placée pour le savoir, ça fait que pourquoi que tu t'en es pas servi? Pour une fois que ça aurait été utile! Je comprends que tu voulais pas me désappointer, j'venais de les acheter pis je les trouvais ben beaux, mais y'a toujours ben des émittes à se faire souffrir pour pas décevoir les autres! Tu t'es toute écharogné les pieds pour rien! T'as été obligé de revenir de l'église nu-pieds le matin de ta première communion, c'est pas rien, ça! Mademoiselle Saint-Jean elle-même en revenait pas! A' disait qu'a'l' avait jamais vu ça en trente ans d'enseignement! La visite va arriver d'une minute à l'autre, pis le fêté va être en pantoufles, c'est pas des farces! On va être obligés de te couper les pieds sur tous les portraits qu'on va prendre! Ôte ça, ces pantoufles-là, c'est trop laid! J'aime mieux te voir te promener nu-pieds.»

Elle se rendit bientôt compte que j'étais au bord des larmes et se tut.

Elle achevait son travail, attachait bien comme il faut le dernier pansement.

«Chus quand même pas pour trop te chicaner le jour de ta première communion, mais t'aurais dû réfléchir quand t'as vu que tes maudits souliers te faisaient pas! R'garde, là, tu me fais sacrer… Ça fait pus mal? Non? Ben, va te bourrer la face dans les sandwiches au jambon haché que t'aimes tant pis oublie tout ça pour aujourd'hui. J'vas toute prendre ça sur ma faute, j'vas dire au monde que je sais pas où j'avais la tête quand j't'ai mis ça dans les pieds… En fait, c'est vrai que c'est de ma faute… J'ai pas voulu voir que ces souliers-là te faisaient pas parce que je voulais qu'y fassent… Escuse-moi.»

En sortant de la chambre, j'arrivai nez à nez avec ma grand-mère Tremblay qui se contenta de murmurer juste assez fort pour que je l'entende :

«On m'écoute jamais, ici-dedans! J'existe pas, moé, chus un coton! Je l'avais dit, pourtant, que ces souliers-là étaient trop petits! Vous avez pas voulu m'écouter, tous les deux? Ben tant pire pour toé, mon p'tit gars! Tu vas boiter comme moé toute la journée! Mais moé, au moins, si je boite, c'est pas à cause d'une paire de souliers de cuir patent trop petits! Chus t'infirme pour vrai, moé!»

Je n'ai évidemment jamais revu la paire de souliers de cuir verni.

Mais je n'ai jamais vu non plus leurs remplaçants, parce qu'il n'y en eut pas.

PETITS CHINOIS À VENDRE

«Momaaan…

—Quand tu lyres comme ça, toi, c'est parce que t'as quequ'chose à me demander… Qu'est-ce qu'y a, encore…

—Ben… C'est pour l'école…

—Encore !

—Pourquoi tu dis encore ?

—Parce que je sens qu'y a de l'argent au bout de t'ça… C'est drôle, hein, quand c'est pour l'école, faut toujours que je finisse par ouvrir ma sacoche! Y a-tu de l'argent, au bout de t'ça, Michel?

—Ben… oui…

—Je le savais! C'est quoi, c'te fois-là ? Ton abonnement à *L'Abeille* est fini ? Le curé a besoin de nouveaux canneçons ? Les sœurs manquent de capines ?

—Voyons donc! Les sœurs nous demandent jamais d'argent pour ça…

—C'est ben les seules choses pourquoi y demandent pas d'argent! C'tait quoi, la dernière fois... La canonisation de la folle qui voyait des saints partout ? Ah non, ça, c'tait le mois passé... Les missions en Chine ?

—C'est pour les missions en Chine, oui...

—Aïe, sont pas gênées, hein ? Ça fait même pas deux semaines qu'y nous ont demandé de l'argent pour guérir j'sais pus trop qui de la fièvre jaune... Ça prend ben eux autres pour penser que l'argent peut tout guérir! Qu'y restent donc ici, aussi, pis qu'y attrapent donc une bonne vieille grippe comme tout le monde, ça coûte moins cher pis on est pas obligé de passer la quête pour leur sauver la vie!

—Écoute-moi...

—J't'écoute...

—Non, tu m'écoutes pas...

—Peut-être que je t'interromps un peu, mais j't'écoute...

—C'est parce que...

—Ah oui, ça, chus sûre qu'y va y avoir une bonne raison!

—Y en une, bonne raison!

—Vas-y, j't'écoute, j'interromprai pus...

—T'sais... j't'ai déjà expliqué qu'y nous ont donné chacun un beau dessin d'avion découpé en cent petites cases… Chaque fois qu'on achète un petit Chinois, on remplit une case de la couleur qu'on veut…

—T'as ben dû remplir deux cents dessins d'avion depuis le commencement de l'année scolaire, toi, c'est comme rien!

—T'es donc drôle…

—Chus pas sûre que je faisais une farce, Michel…

—En tout cas, y me manque dix fois dix cennes pour finir de remplir ce dessin-là, pis…

—Une piasse! T'oses me demander une piasse pour t'acheter dix petits Chinois, en prenant ton déjeuner, là, comme de si rien était! Sais-tu ce que ça représente, pour nous autres, une piasse? Hein? Y le savent-tu, les sœurs, ce que ça représente pour nous autres? J'peux nourrir une maisonnée de douze personnes avec une piasse, Michel! J'peux faire un festin avec une piasse!

—Exagère pas…

—Tu serais surpris… Mais c'est pas de ça qu'on parle… Tu iras voir ta mademoiselle Carli avec son nom de chien, là, pis tu y diras que ta mère fait dire qu'a' va nourrir ses enfants avant de t'acheter des petits Chinois…

—Tu *m'achètes* pas des petits Chinois, moman, c'est pas des jouets! T'*achètes* des petits Chinois pour sauver leur âme, c'est pas pareil!

—C'est eux autres qui vous disent ça? Ben, laisse-moi te dire que c'est pas comme ça que t'en parles, mon p'tit gars! T'achètes des petits Chinois à la pelletée, pis tu les appelles toutes Michel! Des fois, j'ai l'impression qu'y a la moitié de la population de la Chine qui s'appelle Michel, c'est pas mêlant! Pis quand t'en parles, c'est exactement comme si y t'appartenaient pour vrai! Pas leurs âmes qu'y faut sauver, là, eux autres! Tu montres leurs portraits à tout le monde en leur disant: «R'gardez, c'est mes petits Chinois! Y s'appellent toutes Michel Tremblay!»

—J'les appelle pas Michel Tremblay. Juste Michel.

—Mettons. Michel Wong? Michel Chang? Tu vas avoir huit ans ben vite, Michel, jamais je croirai que tu crois encore que t'achètes *vraiment* des âmes de petits Chinois! Ça pis le père Noël, y me semble que ça devrait faire longtemps que tu crois pus à ça! Y a pas plus de Chinois qui t'appartiennent que de père Noël avec sa brique magique pis sa passion pour ma tarte aux pommes!

—Que c'est que j'achète, d'abord, quand y me disent que c'est des petits Chinois? Hein?

—Je le sais-tu, moi? J'faisais une farce, tout à l'heure, mais peut-être que c'était pas si bête… C'est peut-être vraiment des capines pour les sœurs que t'achètes… Ou des canneçons pour les curés. C'te monde-là, y ont toujours toute eu gratis! Les plus beaux terrains pour leurs belles grosses églises… Pis y ont jamais eu à payer une cenne de taxe! Pis y ont jamais payé une cenne d'impôt! Pis y ont le toupet de venir demander à des pauvres comme nous autres d'acheter des petits Chinois! Tu crois à ça, toi? Ben moi, j'ai beeen de la misère, mon p'tit gars, beeen d'la misère!

—Moman!

—Ben quoi? La suis-tu, c't'argent-là? Hein? Sais-tu où a' s'en va vraiment? A' prend-tu le bateau pour la Chine ou ben le bord des tiroirs des bonnes sœurs?

—Les sœurs sont pas menteuses!

—Les sœurs ont été inventées pour conter des menteries, Michel!

—C'est pas vrai!

—Pis sont prêtes à faire n'importe quoi pour empocher! Quand y voyent un trente sous, la capine leur frémit su'a tête pis la langue leu' sort de la bouche de six pouces! Pis ta mademoiselle Carli, là, pour qui a' travaille, hein? Qui c'est qui la dirige, cette école-là? Hein? Ben, c'est les bonnes sœurs! Chus sûre que leurs repas doivent être pas mal plus intéressants les semaines oùsqu'y font de la pression pour vous vendre plus de petits Chinois! Ton argent atterrit peut-être dans leur assiette, Michel, a' se transforme peut-être en steak haché pis en blé d'Inde en boîte!

—Dis pas ça!

—C'est vrai que je devrais peut-être pas dire ça devant un enfant, t'as raison... Mais j'veux juste que tu penses un peu par toi-même, que tu réfléchisses avant de croire tout ce qu'on te dit! Ça fait des années que je te le dis, mais non, t'aimes mieux croire des étrangers que ta propre mère...

—C'est vrai que les sœurs ont des missions en Chine! Y nous ont montré un film!

—Ben oui, je le sais que c'est vrai... Moi aussi, j'en ai vu, des films, quand j'étais petite! Des films muets avec des prêtres qui faisaient leur jars pis des Chinois qui leur servaient de porteurs! Pis laisse-moi te dire que c'étaient pas leurs âmes qui portaient les paquets!

170

Pis qu'y avait pas tellement l'air d'être question de religion entre eux autres! Le jour oùsque je verrai un curé porter un paquet pour un Chinois, j'vas peut-être commencer à les croire, pas avant! Mais veux-tu ben me dire que c'est qu'y vont faire là, pour l'amour du bon Dieu? Y en a des âmes à sauver, ici! J'pourrais leur en montrer que-qu's'unes... Y en a même une gang, là-dedans, qui pourraient se regarder dans le miroir avant de se coucher, le soir! Pourquoi y'es laissent pas tranquilles, les pauvres petits Chinois! Y en ont déjà une, une religion, c'est assez!

—C'est pas la bonne! C'est pas des catholiques! Pis y faut qu'y deviennent catholiques, sinon y vont aller en enfer!

—J'te dis que ça va en faire du monde en enfer, ça! Sont six cents millions, Michel, y ont pas besoin de nous autres! Les bonnes sœurs pensent quand même pas que c'est en leur envoyant trois curés pis dix religieuses qu'y vont convertir six cents millions de personnes!

—Y en envoyent plus que ça!

—Mais jamais assez pour convertir la Chine au grand complet! Voyons donc! Y ont-tu converti tous les Indiens quand y sont arrivés ici? Hein? Non, y ont été obligés de les tuer pour qu'y pensent comme eux autres!

—Moman!

—Y devraient m'engager, moi, pour enseigner l'histoire du Canada! J'te dis que vous auriez des petites surprises!

—Bon, O.K., laisse faire…

—Lève-toi pas de table… Écoute-moi, là… J'veux pas que t'ayes honte de moi parce que j'veux pas te donner une piasse pour acheter dix petits Chinois… D'abord, du monde, ça s'achète pas…

—C'est ça que je t'ai dit… C'est leur âme qu'on achète…

—Les âmes encore moins! Mettre des affaires de même dans la tête des enfants! Voyons donc! À quoi y pensent! Les Chinois sont cent fois plus nombreux que nous autres, Michel! Pis les bonnes sœurs mériteraient qu'y se vengent pis qu'y viennent acheter des petits Canadiens français, un bon jour! Les vois-tu débarquer ici, les prêtres chinois, pour essayer de venir nous convertir? C'est quoi leur dieu, déjà? Bouddha? Te vois-tu, toi, pogné pour croire en Bouddha?

—Mais c'est nous autres qui a raison!

—Ben, les petits Chinois que t'achètes, là, eux autres aussi y se font dire par leurs prêtres pis leurs bonnes sœurs, si y en ont, que c'est eux autres qui ont raison!

—Oui, mais sont pas catholiques! Y ont pas la vraie foi!

—Y a peut-être un petit Chinois qui est en train d'avoir la même conversation que nous autres avec sa mère, Michel, au-dessus d'un bol de soupe won ton... Pis sa mère y répond la même chose... C'est quoi, ça, la vraie foi?

—La nôtre!

—Qu'est-ce qu'a' peut y répondre au petit Chinois, sa mère? Que c'est toi qui as raison? C'est pas une question d'avoir la bonne foi ou non, en fin de compte. Peut-être que c'est nous autres qui a raison, ça se peut... Mais c'est pas une raison pour obliger les autres à penser comme nous autres!

—Si c'est la seule façon...

—J'f'rai pas comme les bonnes sœurs, Michel, j't'obligerai pas à croire ce que je te dis... Continue à les croire, elles, si tu veux, mais compte pus sur moi pour subventionner leurs soupers du samedi soir!

—Moman!

—Ben, c'est comme ça.

—Qu'est-ce que je vas leur dire? Chus quand même pas pour leur dire que ma mère veut pas me donner de l'argent parce qu'a' pense que c't'argent-là aboutit dans leurs assiettes à eux autres!

—C'est un bon argument, ça... Après toute, c'est toi qui vas passer le reste de l'année avec eux autres... Pis chus sûre que ça sera pas mieux quand tu vas tomber entre les mains des frères, l'année prochaine! Tes deux frères m'ont déjà coûté une fortune... Tu vois, y ont même pas besoin de faire du chantage, le chantage se fait tu-seul!

—C'est quoi, du chantage?

—Laisse faire, tu vas l'apprendre assez vite... Écoute, je sais pus quoi te dire, là...

—C'est rare, ça...

—Ouan, c'est rare, mais là ça arrive...

—Ça veut dire que j'vas avoir mon argent?

—Tu vas avoir ton argent, mais je veux que tu saches une chose... Si j'te donne c't'argent-là, c'est pas parce que je crois à leurs histoires, c'est juste pour que t'ayes la paix, toi... Parce que je veux pas que tu te fasses traiter de pauvre, pis de tout-nu, que tu fasses rire de toi pis que tu passes une mauvaise deuxième année! J't'achète la paix, Michel, c'est tout ce que je fais. Comprends-tu?

—Non.

—Je le sais. J'espère juste que tu vas comprendre, un jour, pis que tu vas arrêter à un moment donné de subventionner des missions ridicules dans des pays qui ont pas besoin de nous autres.

—Y ont besoin de nous autres. C'est toi qui comprends pas.

—Sors de table, Michel, va t'acheter tes petits Chinois avant que je me fâche…»

Montréal – Key West
Septembre 2001 – janvier 2002

TABLE

DU MÊME AUTEUR

ROMANS, RÉCITS ET CONTES

Contes pour buveurs attardés, Éditions du Jour, 1966; BQ, 1996

La Cité dans l'œuf, Éditions du Jour, 1969; BQ, 1997

C't'à ton tour, Laura Cadieux, Éditions du Jour, 1973; BQ, 1997

Le Cœur découvert, Leméac, 1986; Babel, 1995

Les Vues animées, Leméac, 1990; Babel, 1999

Douze coups de théâtre, Leméac, 1992; Babel, 1997

Le Cœur éclaté, Leméac, 1993; Babel, 1995

Un ange cornu avec des ailes de tôle, Leméac/Actes Sud, 1994; Babel, 1996

La Nuit des princes charmants, Leméac/Actes Sud, 1995; Babel, 2000

Quarante-quatre minutes, quarante-quatre secondes, Leméac/Actes Sud, 1997

Hotel Bristol, New York, N.Y., Leméac/Actes Sud, 1999

L'Homme qui entendait siffler une bouilloire, Leméac/Actes Sud, 2001

CHRONIQUES DU PLATEAU-MONT-ROYAL

La Grosse Femme d'à côté est enceinte, Leméac, 1978; Babel, 1995

Thérèse et Pierrette à l'école des Saints-Anges, Leméac, 1980; Grasset, 1983; Babel, 1995

La Duchesse et le Roturier, Leméac, 1982; Grasset, 1984; BQ, 1992

Des nouvelles d'Édouard, Leméac, 1984; Babel, 1997

Le Premier Quartier de la lune, Leméac, 1989; Babel, 1999

Un objet de beauté, Leméac/Actes Sud, 1997

Chroniques du Plateau-Mont-Royal, Leméac/Actes Sud, coll. «Thesaurus», 2000

THÉÂTRE

En pièces détachées, Leméac, 1970

Trois petits tours, Leméac, 1971

À toi, pour toujours, ta Marie-Lou, Leméac, 1971

Les Belles-Sœurs, Leméac, 1972

Demain matin, Montréal m'attend, Leméac, 1972 ; 1995

Hosanna, suivi de *La Duchesse de Langeais*, Leméac, 1973 ; 1984

Bonjour, là, bonjour, Leméac, 1974

Les Héros de mon enfance, Leméac, 1976

Sainte Carmen de la Main suivi de Surprise ! Surprise !, Leméac, 1976

Damnée Manon, sacrée Sandra, Leméac, 1977

L'Impromptu d'Outremont, Leméac, 1980

Les Anciennes Odeurs, Leméac, 1981

Albertine en cinq temps, Leméac, 1984

Le Vrai Monde ?, Leméac, 1987

Nelligan, Leméac, 1990

La Maison suspendue, 1990

Le Train, Leméac, 1990

Théâtre I, Leméac/Actes Sud-Papiers, 1991

Marcel poursuivi par les chiens, Leméac, 1992

En circuit fermé, Leméac, 1994

Messe solennelle pour une pleine lune d'été, Leméac, 1996

Encore une fois, si vous permettez, Leméac, 1998

L'État des lieux, Leméac, 2002

ADAPTATIONS (théâtre)

Lysistrata (d'après Aristophane), avec la coll. d'André Brassard, Leméac, 1969 ; 1994

L'Effet des rayons gamma sur les vieux garçons (de Paul Zindel), Leméac, 1970

Et Mademoiselle Roberge boit un peu (de Paul Zindel), Leméac, 1971

Mademoiselle Marguerite (de Roberto Athayde), Leméac, 1975

Oncle Vania (d'Anton Tchekov), Leméac, 1983

Le Gars de Québec (d'après Gogol), Leméac, 1985

Six heures au plus tard (de Marc Perrier), Leméac, 1986

Premières de classe (de Casey Kurtti), Leméac, 1993

OUVRAGE RÉALISÉ
PAR LUC JACQUES, TYPOGRAPHE
ACHEVÉ D'IMPRIMER
EN MAI 2003
SUR LES PRESSES
DE TRANSCONTINENTAL
DIVISION IMPRIMERIE GAGNÉ
À LOUISEVILLE
POUR LE COMPTE DE
LEMÉAC ÉDITEUR
MONTRÉAL

N° D'ÉDITEUR : 4673
DÉPÔT LÉGAL
1re ÉDITION : JUIN 2002
(ÉD. 01 / IMP. 03)